Knaur.

Knaur.

Über den Autor

Jörg Pohlmann ist Gründer von BRAND FACTORY Consulting, einem führenden Anbieter für Namens- und Markenentwicklung in Deutschland. Er hat in seinem 15-jährigen Berufsleben für die bekanntesten Marken gearbeitet und selbst etliche neue Marken erfunden. Im Mai 2000 eröffnete er das erste Auktionshaus für Marken im Internet, die BRANDERS Marken AG.

Jörg Pohlmann

Das Lexikon der Markennamen

Logos, Slogans, Storys

KNAUR Taschenbuchverlag

Besuchen Sie uns im Internet:
www.knaur-taschenbuch.de

Originalausgabe 2003

Ein Unternehmen der Droemerschen
Verlagsanstalt Th. Knaur Nachf. GmbH & Co. KG, München

Umschlaggestaltung: ZERO Werbeagentur, München
Satz: Wollinsky & Partner, München
Druck und Bindung: Printer Trento, Trient
Printed in Italy
ISBN 3-426-77648-0

5 4 3 2 1

Zur Einführung

Von Adolf Dassler zu Adidas

Jeder weiß, was Coca-Cola ist, die meisten wissen, dass Adidas etwas mit Sportartikeln zu tun hat, und in Deutschland ist Haribo nicht nur Kindern ein Begriff. Doch was bedeuten diese Namen, woher kommen sie, wer steht dahinter und welche Geschichten verbergen sich hinter ihnen? Dass sich Adidas aus dem Spitznamen des Unternehmensgründers Adolf Dassler, Adi, und den ersten drei Buchstaben seines Nachnamens zusammensetzt, wussten Sie vielleicht.
Aber wussten Sie auch, dass Haribo für „Hans Riegel aus Bonn“ steht? Dieses Buch entschlüsselt bekannte Markennamen und erzählt ihre Geschichte. Es berichtet über Erfolge und Niederlagen von Marken und der Personen hinter ihnen.

Die Idee dazu hatte Jörg Pohlmann im Jahr 2000. Als Gründer der Markenagentur Brand Factory und des Marktplatzes für Marken branders.de beschäftigt er sich schwerpunktmäßig mit der Entwicklung und der Pflege von Markennamen. Maßgeblich unterstützt wurde er von Simon Sell, einem Mitarbeiter der Brand Factory.

Zur Entstehung dieses Buches

„Das Lexikon der Markennamen" erhebt nicht den Anspruch, alle Markengeschichten zu erzählen.
Anhand von Ranglisten über den Bekanntheitsgrad von Marken und nach eigenem Ermessen wurden einige der wichtigsten nationalen und internationalen Marken ausgewählt, um, soweit möglich, die Herkunft der Namen zu erklären.
Maßgeblich für die Aufnahme einer Marke war die Besonderheit der Geschichte, der berühmte „Aha"-Effekt, der sich ergibt, wenn man zum Beispiel zum ersten Mal hört, dass Milka für „Milch und Kakao" steht. In einigen Fällen mussten wir bei unserer Arbeit sogar feststellen, dass es über ein und dieselbe Marke unterschiedliche Geschichten gibt. In diesen Fällen haben wir uns entweder für die glaubwürdigere Variante entschieden oder beide Geschichten mit aufgenommen.

Zur Entstehung von Marken

Jedes Jahr werden in Deutschland circa 50 000 neue Markennamen benötigt. Diese werden immer wichtiger, da ein und dasselbe Produkt heute von einer Vielzahl von Unternehmen angeboten wird. Das bedeutet, dass das Produkt eines Herstellers einen einprägsamen Namen erhalten muss, soll es sich von den entsprechenden Produkten der Konkurrenz absetzen.
Dieser Name sollte mit positiven Eigenschaften besetzt sein, die den Verbraucher dazu animieren, das Markenprodukt zu kaufen.

Von einer erfolgreichen Marke spricht man, wenn sie einen hohen Bekanntheitsgrad und große Beliebtheit erreicht hat. Im Idealfall ersetzt ein Markenname eine Produktbezeichnung wie zum Beispiel bei Tempo für Papiertaschentuch. Der Fachmann spricht dann von einer Gattungsmarke, bei der die Marke wichtiger geworden ist als das Produkt selbst.

Starke Marken sind für viele Unternehmen heutzutage das wichtigste Kapital. Wir sprechen von einem Audi oder VW, ohne erklären zu müssen, dass es sich dabei um ein Auto handelt.

Namen wie E-on, AdCapital oder Milea stehen stellvertretend für neue Namen der letzten Jahre. Neue Namen werden in der Regel von Namenstextern entworfen. Im ersten Schritt geht es dabei darum, möglichst viele Ideen zu Papier zu bringen, also einen großen Namenspool zu schaffen, der schließlich auf eine Auswahl von zwei bis drei Alternativen verdichtet wird. Die letztendliche Auswahl des tatsächlichen Produktnamens ist stark von der wettbewerbsrechtlichen Umsetzbarkeit abhängig.

Einen guten Namen zu finden wird dabei immer schwieriger. Selbst die Spezialisten in Sachen Namensgebung haben nicht immer das Glück, einen Namen zu entwickeln, der sofort einsatzfähig ist, denn Namen müssen einen komplexen Registrierungsprozess beim Patent- und Markenamt durchlaufen. Aber auch Marken mit älteren Rechten können gegen eine Neuanmeldung Widerspruch erheben. Der Rechtsstreit zwischen dem Focus Magazin und Ford um den Namen Focus ist nur eines von vielen Beispielen.

Andererseits, während jährlich Zehntausende von neuen Markennamen benötigt werden, verlieren jährlich auch Zehntausende von Markennamen ihren Schutz, werden

abgelegt oder verschwinden einfach von der Bildfläche, weil die Produkte, die den Namen einst trugen, nicht mehr verkauft werden.
Die Suche nach neuen Namen wie auch das Erhalten bzw. Reaktivieren von alten Namen gehört zum zeitgemäßen Markenmanagement. Gemäß dem Motto: Wohl dem, der einen guten Namen hat!

Danksagung

In den Artikeln des Lexikons der Markennamen steckt aufwändige Recherche-Arbeit. Ein herzlicher Dank ist an all diejenigen gerichtet, die uns ausführliches Material zur Entstehung ihrer Marken zur Verfügung gestellt haben.

Unser Dank gilt auch den unzähligen Empfangsmitarbeitern in den Unternehmen. Seit über 10 Jahren fragen wir bei unserem ersten Besuch nach der Geschichte hinter dem Unternehmensnamen beziehungsweise der Marke. Ohne die Auskunftsfreudigkeit und Freundlichkeit dieser Menschen wäre dieses Buch nicht entstanden.

4711

1792 erhielt Wilhelm Mülhens als Geschenk zu seiner Hochzeit die Rezeptur für ein „aqua mirabilis", ein Wunderwasser. Vier Jahre später, während der Besetzung Kölns durch die Franzosen, wurden alle Häuser der Stadt fortlaufend nummeriert. Das Haus von Wilhelm Mülhens erhielt die Nummer 4711. Das von ihm hergestellte „Wunderwasser" verkaufte er entsprechend unter dem Namen „Kölnisch Wasser – Franz Maria Farin in der Glöcknergasse No. 4711 in Cöln".

Sein Enkel Ferdinand Mülhens kam auf die Idee, die Hausnummer noch stärker hervorzuheben, und ließ sie 1881 als Markenzeichen eintragen. 4711 ist heute eine der bekanntesten Marken für Parfüm, wobei die Rezeptur für „4711 Echt Kölnisch Wasser" nach wie vor ein streng gehütetes Geheimnis ist.

http://www.4711.com

Adidas

Im Alter von 20 Jahren fertigte Adolf Dassler in seiner Werkstatt in Herzogenaurach bei Nürnberg seine ersten Sportschuhe aus Leinen. Seine Idee war es, jedem Sportler einen für seine Disziplin optimal angepassten Schuh anzubieten. 1928 bei den Olympischen Spielen in Amsterdam trugen Athleten zum ersten Mal Adolf Dasslers Schuhe. Mitte der 30er-Jahre wurden für 11 Sportarten bereits 30 verschiedene Modelle angefertigt. Nach dem Zweiten Weltkrieg stellte Dassler die ersten „Nachkriegssportschuhe“ aus Segeltuch und Gummi von amerikanischen Treibstofftanks her. 1948 wurde dann der heute weltbekannte Firmenname eingeführt und eingetragen: „adidas“, eine Kombination aus Adolf Dasslers Spitznamen „Adi“ und seinem Nachnamen. Ein Jahr später ließ er auch die drei Streifen des Firmensignets schützen und schaffte damit das unverwechselbare Markenzeichen.

http://www.adidas.de

Afri-Cola

1931 übernahm Karl Flach die Getränkefabrik „F. Blumhoffer Nachfolger GmbH“ in Köln, ein Unternehmen, das sich in Köln und Umgebung zunächst einen Namen gemacht hatte durch die Produktion von Essenzen für Liköre, Sirupe und Limonaden.

Durch die Beschränkung der Produktpalette auf alkoholfreie Getränke im Jahr 1900 hatte es sich trotz harter Konkurrenz vornehmlich amerikanischer Unternehmen auf dem Markt behaupten können.

Zur Sicherung dieses Erfolges ließ Karl Flach 1931 die erste Cola-Marke Deutschlands international schützen: „Afri-cola“. Dieser Name geht auf eine der Zutaten des Getränks zurück, das Extrakt der afrikanischen Cola-Nuss.

Afri-Cola wurde in den 70er-Jahren des 20. Jahrhunderts vor allem durch seine innovative Werbung zum Kult. Der Werbeslogan „Alles geht mit Afri-Cola“ wurde zum Kultspruch einer ganzen Generation. In den 90er-Jahren gelangte die Marke zu neuer Blüte, erreichte aber nie wieder ihren Stellenwert aus den 70er-Jahren.

http://www.afri-cola.de

AGFA

AGFA Agfa

■ 1867 gründeten der Chemiker Paul Mendelssohn-Bartholdy, der Sohn des Komponisten Felix Mendelssohn-Bartholdy, und Carl Alexander von Martius eine Farbenfabrik in Rummelsburg bei Berlin. Im Jahr 1873 wurde das erfolgreiche Unternehmen in eine Aktiengesellschaft mit dem Namen Agfa umgewandelt. Diese Abkürzung steht für „Aktien-Gesellschaft für Anilin-Fabrikation".

Einer der größten Erfolge von Agfa war die Entwicklung des weltweit ersten Farbfilms 1936. Zwanzig Jahre lang hatte Agfa als einzige Firma versucht, die Probleme von Farbaufnahmen zu lösen. Mit dem „Agfacolor Neu" gelang dem Unternehmen eine bahnbrechende Entwicklung. Nicht weniger als 278 Patente waren in diesem Film vereinigt.

http://www.agfa.de

ALDI

Bereits die Eltern von Theo und Karl Albrecht führten von 1913 an ein Lebensmittelgeschäft. In ihrer Nachfolge entwickelten die beiden Brüder in den Jahren 1950 bis 1962 das bis heute für ihr Unternehmen typische Discountprinzip. Kennzeichnend hierfür: ein begrenztes Sortiment (Aldi bietet nur circa 600 Artikel an, andere Lebensmitteleinzelhändler mehr als 50 000 Artikel), Verzicht auf aufwändige Warenpräsentation, Niedrigpreise. Dieses Prinzip wurde zwar oft kopiert, aber Kultstatus kann nur Aldi für sich beanspruchen. Der Name „Albrecht-Discount", kurz Aldi, ist zu einer Institution im deutschen Einzelhandel geworden. Heute existieren zwei rechtlich, finanziell und organisatorisch voneinander unabhängige Unternehmensgruppen mit eigenen Filialnetzen: Aldi Süd und Aldi Nord.

http://www.aldi.de

Alfi

1914 gründete Carl Zitzmann die „Aluminiumwarenfabrik Fischbach". Die Anfangsbuchstaben dieser beiden Wörter ergaben den Firmennamen: alfi. Mit den von ihm hergestellten Isoliergefäßen erzielte er bald große Erfolge, und bereits 1928 verkaufte er seine Produkte über die deutschen Grenzen hinaus. Nach dem Zweiten Weltkrieg wurde das Werk von sowjetischen Truppen demontiert.

Zwar baute die Familie die Fabrik wieder auf, doch da Fischbach in der sowjetischen Zone Deutschlands lag, wurde sie von der sowjetischen Regierung in einen volkseigenen Betrieb umgewandelt und die Familie enteignet. 1949 siedelte Carl Zitzmann daher mit seiner Familie nach Wertheim in der amerikanischen Zone um und baute dort die Produktion neu auf. Bereits 1960 zählte „alfi“ 150 Mitarbeiter. Mehr als 500 verschiedene Modelle von Isoliergefäßen werden heute in insgesamt 62 Länder exportiert.

http://www.alfi.de

Amstel

1870 wurde in Amsterdam der Grundstein für eine neue Brauerei gelegt. Die Unternehmer Baron Ernest de Pester und J. H. van Marwijk Kooy sahen in der wachsenden Popularität bayrischen Lagerbieres Marktpotenzial. Obwohl es zu dieser Zeit 559 Brauereien in Holland gab, brauten nur zwei davon nach dieser Brauart. Das lag vor allem daran, dass Lagerbier nur mit einem geeigneten Kühlsystem gebraut werden kann. In Bayern konnte durch Eis aus den Alpen die notwendige Kühlung das ganze Jahr hindurch gewährleistet werden. In Holland löste man das Problem folgendermaßen: Die Grachten in Amsterdam froren im Winter regelmäßig zu; dieses Eis wurde dann abgetragen und in speziellen Doppelwandkellern über das Jahr hinweg gelagert. Der Fluss, der diese Grachten speist, gab dem Lagerbier zudem seinen Namen: Amstel.

http://www.amstel.nl

Anheuser-Busch

Der erfolgreiche Geschäftsmann Eberhard Anheuser aus St. Louis, USA, übernahm 1860 die ebenfalls dort ansässige und in finanzielle Schwierigkeiten geratene

„Bavarian Brewery". Ein Jahr später heiratete seine Tochter Lilly den deutschen Immigranten Adolphus Busch, der 1864 in die Firma seines Schwiegervaters eintrat. Busch war ein Mann mit großen Visionen und träumte von der Erschließung des nationalen Biermarktes. Um dieses Ziel zu erreichen, baute er als Erster ein Netzwerk von Kühlhäusern entlang der wichtigsten Schienenwege auf. Dies ermöglichte die Kühlung des Bieres auch auf langen Transportwegen. Busch war es auch, der die erste industrielle Lkw-Flotte mit Kühlung aufbaute.

1872 wurde das Anheuser-Busch-Markenzeichen, der Buchstabe A mit dem Adler, eingeführt. Das berühmte Budweiser entwickelte Busch 1876 zusammen mit seinem engen Freund Carl Conrad nach dem Vorbild eines Bieres aus der tschechischen Stadt Budweis. Der amerikanische Braugigant Anheuser-Busch unterlag jedoch vor einem deutschen Gericht im Streit um die Marke „Budweiser". Nach dieser Entscheidung bleibt es dem amerikanischen Braukonzern auch weiterhin verwehrt, sein Bier der Marke „Budweiser" in Deutschland zu verkaufen (→ Budweiser Budvar).

http://www.anheuser-busch.com

Aok

In Kolberg (heute polnisch: Kolobrzeg), einem renommierten Kurort an der Ostsee, entwickelte Carl Lück, der dort ein kleines Unternehmen für Kräuterspezialitäten besaß, 1840 ein duftendes Pulver aus feinem Ostseesand, Mandelkleie und Kastanienmehl. Aber erst Lücks Schwiegersohn Franz Anhalt entdeckte das große Potenzial des Peelingpulvers und brachte es 1885 unter den Namen Aok auf den Markt. Dieser Markenname ist ein Akronym aus den Worten „Anhalt", „Ostsee" und „Kolberg".

http://www.henkel.de

Apollinaris

■ Der Ahrweiler Winzer Georg Kreuzberg bemerkte 1852 in einem seiner Weinberge, in dem die Reben nicht so recht gedeihen wollten, einen ungewöhnlichen Geruch, der ihn auf Mineralvorkommen schließen ließ. Er entdeckte schließlich eine Quelle, welche nach einer nahen Kapelle zu Ehren des heiligen Apollinaris benannt wurde. 1853 erhielt Kreuzberg von der königlich preußischen Regierung eine Verkaufslizenz und füllte sein Mineralwasser in Tonkrüge ab. Nach Kreuzbergs Tod 1876 wurde die „Aktiengesellschaft Apollinaris Brunnen, vormals Georg Kreuzberg“ gegründet, die schnell internationale Bekanntheit erlangte und zu den erfolgreichsten Unternehmen dieser Zeit zählte. 1895 wurden das rote Dreieck und der Slogan „The Queen of

Table Waters" angemeldet und in das Warenzeichen des kaiserlichen Patentamtes eingetragen. Apollinaris zählt heute zu den bekanntesten deutschen Mineralwasser-Marken. 1991 entstand durch die Zusammenführung der „Apollinaris Brunnen AG" und der „Schweppes GmbH" die „Apollinaris & Schweppes GmbH & Co.", die die Marke in über 60 Ländern der Welt vertreibt.

http://www.apollinaris.de

Aral

ARAL

Alles super.

1924 überlegte der Chemiker Walter Ostwald, wie man ein Gemisch aus Benzol und Benzin nennen könnte, das als Kraftstoff für Verbrennungsmotoren diente. Die Lösung war eine einfache Kombination der Anfangsbuchstaben der beiden enthaltenen Kohlenwasserstoffgruppen, Aromate (Benzol) und Aliphate (Benzin), kurz Aral. 30 Jahre blieb dieser Name allein die Bezeichnung für den Kraftstoff, und erst nachdem sich „Aral" zum Synonym für den weltweit allerersten Superkraftstoff entwickelt hatte, wurde daraus 1952 der neue Name des in Bochum ansässigen Unternehmens Aral und löste den bis dahin gültigen Unternehmensnamen „Benzol Verband" ab.

Schon 1927 war Blau zur „Hausfarbe" des Unternehmens bestimmt worden, in Anlehnung an die Bochumer Stadtfarben Blau und Weiß.

Entsprechend ist auch das Aral-Markenzeichen in Blau und Weiß gehalten und wurde seit 1930 Aral-Kraftstoff blau eingefärbt. Durch die Färbung sollte der Verbraucher beim Tanken sicher gehen, „seinen" Qualitätskraftstoff zu erhalten und kein Nachahmerprodukt.

http://www.aral.de

Ariola

1950 gründete der C. Bertelsmann Verlag den „Bertelsmann Lesering“. Die Grundidee: Per Abonnement erhielten die Mitglieder regelmäßig neue Bücher zu Vorzugspreisen. Das Konzept hatte großen Erfolg, denn im Nachkriegsdeutschland war das Verlangen nach Unterhaltung und Zerstreuung immens groß. Nach dem Motto „Zum guten Buch gehört der schöne Klang“ dachte man bei Bertelsmann 1955 daran, auch einen „Schallplattenring“ ins Leben zu rufen.

1956 sollte die Idee in die Tat umgesetzt werden. Doch es zeigte sich, dass die großen Musikfirmen nicht bereit waren, Lizenzen für ihr Repertoire zu vergeben. Und die Schallplattenpresswerke waren vertraglich an diese Musikfirmen gebunden. In dieser Situation entschloss man sich 1957, eine eigene Schallplattenfabrik, die

Sonopress, zu gründen. 1958 war dann die Geburtsstunde von Ariola, des ersten Bertelsmann-Labels. Der Name „Ariola“ entstand in einem Brainstorming. Den ersten Nummer-1-Hit konnte das Label 1959 mit dem Song „Am Tag, als der Regen kam“ von Dalida landen.

■ ■ ■ ■ ■ ■ ■ ■ ■ ■ **http://www.bmg-company.de**

Aspirin

■ 1897 wurde der Wirkstoff Acetylsalicylsäure von Dr. Felix Hoffmann erstmals synthetisiert. Nur zwei Jahre später ließ die Bayer AG den Namen „Aspirin“ als Warenzeichen eintragen. Dieser Name setzte sich zusammen aus den Anfangsbuchstaben von „Acetyl“, „A“, aus der Silbe „spir“ aus dem Namen jener Pflanze, die die Salicylsäure enthält, das Ausgangsprodukt für die Herstellung des ASPIRIN-Wirkstoffes, der Spirstaude, und der Endung „in“. Diese Wortendung war damals bei Bezeichnungen für Schmerzmittel üblich. Das Medikament kam zunächst nur als Pulver, dann auch in Tablettenform auf den Markt. Die Zusammensetzung von Aspirin ist bis heute unverändert geblieben.

http://www.aspirin.de

AT&T

Als die amerikanische „Bell Telephone Company“ 1885 ihren Unternehmensbereich Langstreckenkommunikation ausbauen wollte, gründete sie die Tochterfirma „American Telephone and Telegraph Company“, kurz „AT&T“. Doch bereits 1899 war diese Tochterfirma so groß, dass sie zur Mutterfirma von „American Bell Telephone Company“ avancierte. AT&T profilierte sich als Vorreiter der Transatlantikkommunikation: 1915 sendete AT&T die ersten Worte via Radio über den Atlantik, und bereits 1927 bot das Unternehmen den ersten kommerziellen Telefonservice an. Ein 5-minütiges Gespräch über den Atlantik kostete damals stolze 75 US-Dollar, da die Kapazität der Leitungen so gering war, dass nur wenige Gespräche gleichzeitig geführt werden konnten. Ein weiterer Meilenstein in der Geschichte des Hauses AT&T ist der erste kommerzielle Kommunikationssatellit, der „Telestar I", der 1962 im Orbit ausgesetzt wurde.

http://www.att.com

Audi

Die Geschichte von Audi beginnt mit August Horch. Horch war Leiter der Abteilung Motorwagenbau bei Karl

Benz, bis er sich 1899 mit diesem überwarf. Noch im gleichen Jahr gründete August Horch in Köln die Werkstatt „August Horch & Cie." und konstruierte 1900 sein erstes eigenes Automobil. Einige Jahre später zog das mittlerweile zur Aktiengesellschaft umgewandelte Unternehmen nach Zwickau um, wo es 1908 bereits eine Produktionsleistung von über 100 Automobilen pro Jahr erreichte. Doch 1909 kam es zwischen August Horch und dem Aufsichtsrat der A. Horch & Cie. Motorwagen-Werke AG zum Streit, und Horch verließ das Unternehmen. Als er sich erneut selbstständig machen wollte, verhinderte die von ihm gegründete AG per Gerichtsbeschluss, dass er seinen Nachnamen erneut zum Bestandteil des Firmennamens machen konnte. Die Lösung: die Übersetzung des Namens „Horch" ins Lateinische – Audi. So gründete August Horch im April 1910 die „Audi Motorenwerke GmbH Zwickau".

Ein weiteres wichtiges Jahr in der Audi-Geschichte ist das Jahr 1932, in dem die einstigen Konkurrenten Horch, Audi, DKW und die Wanderer Automobilabteilung zur Auto Union AG verschmolzen. Die vier ineinander verschlungenen Ringe des Audi-Signets symbolisieren den Zusammenschluss dieser vier bis dahin unabhängigen Kraftfahrzeughersteller.

http://www.audi.com

Bacardi

Mitte des 19. Jahrhunderts experimentierte der aus Spanien stammende kubanische Weinhändler Don Facundo Bacardi mit verschiedenen Verfahren zur Veredelung von Zuckerrohrschnaps.

1862 erwarb er eine kleine Destille in Santiago de Cuba, wo er mithilfe der von ihm entwickelten Methode Zuckerrohrschnaps zu einem weißen und ganz besonders milden Rum veredelte.

Unter dem Dach dieser Fabrik lebten Fledermäuse, und da diese in Don Facundo Bacardis Heimat als Glücksbringer galten, wurden sie zum Markenzeichen für den weißen Bacardi-Rum.

http://www.bacardi.de

Backin (Original Dr. Oetker Backin)

■ 1891 erwarb der Apotheker Dr. August Oetker die Aschoff'sche Apotheke in Bielefeld. Er wusste, wie viel Mühe und Zeit das Backen im Privathaushalt kostete, und arbeitete an der Entwicklung eines neuen Backtriebmittels. Das bereits 60 Jahre zuvor von Justus von Liebig erfundene Backpulver hatte nämlich noch erhebliche Mängel: Es war sehr teuer und vertrug keine Lagerung. Dr. August Oetker entwickelte in zwei Jahren Arbeit ein Backtriebmittel, das seinen drei Hauptanforderungen entsprach: Teiglockerung, Haltbarkeit und Geschmacksneutralität. Er gab dieser Mischung den Namen „Backin" und bot sie in einer genau auf 500 Gramm Mehl abgestimmten Menge an. Bis heute ist Backin nahezu unverändert in der von Dr. August Oetker 1893 entwickelten Rezeptur im Handel.

http://www.oetker.de

Bärenmarke

Die Geschichte von „Bärenmarke" beginnt in der Schweiz. 1892 wurde im Kanton Bern die „Berner Alpen Milchgesellschaft" gegründet, ein Unternehmen zur Herstellung von haltbaren Milchprodukten. Der Bär, das Wappentier der Schweizer Bundeshauptstadt Bern, wurde als Firmenlogo gewählt. 1905 expandierte die Firma nach Deutschland. Im Allgäu wurde ein Werk gegründet, das 1912 die erste ungezuckerte Kondensmilch mit 10 Prozent Fettgehalt auf den deutschen Markt brachte. Heute werden in Deutschland jährlich fast eine Milliarde Packungen an Milch- und Kondensmilchprodukten aus dem Hause Bärenmarke konsumiert.

http://www.baerenmarke.de

Barbie

Bei Redaktionsschluss für die Erstausgabe der BILD-Zeitung am 22. Juni 1952 war auf der letzten Seite noch eine kleine Fläche ungenutzt. Daher beauftragte der Chefredakteur den Zeichner Reinhard Beuthin, eine Zeichnung anzufertigen, um die Seite zu füllen. „Lilly“ wurde geboren und fand großen Anklang. Sie wurde zur Serie und später sogar als Plastikfigur verkauft.

1958 erwarb die Spielzeugfirma Mattel die Weltrechte an dieser Figur und benannte sie nach der Tochter des Unternehmers Barbara, deren Spitzname „Barbie“ lautete. Die Figur wurde trotz anfänglicher Skepsis ein Verkaufsschlager und später sogar zur Kultfigur, die von Modeschöpfern wie zum Beispiel von Karl Lagerfeld eingekleidet wurde. Die Rubrik „Lilly“ auf der letzten Seite der BILD-Zeitung hat sich bis heute gehalten, sie wird nunmehr mit einem Foto ausgefüllt.

http://www.mattel.com

BASF

BASF steht für „Badische Anilin & Sodafabrik AG“. Dieses Unternehmen wurde 1865 von Friedrich Engelhorn zur Produktion von Teerfarbstoffen und Vorprodukten gegründet. Infolge des starken Bevölkerungswachstums in der 2. Hälfte des 19. Jahrhunderts expandierte die Textilindustrie und wuchs entsprechend der Bedarf an synthetischen Farben.

Innerhalb weniger Jahre erreichte BASF daher eine führende Stellung auf dem Weltfarbenmarkt. In den

50er-Jahren des 20. Jahrhunderts wurden dann die Kunststoffe wie zum Beispiel Nylon oder Styropor zum Verkaufsschlager. Heute umfasst die Produktionspalette noch weit mehr als Farben und Kunststoffe. Lacke, Arzneimittel, Pflanzenschutz- und Düngemittel sind zu wichtigen Geschäftsfeldern geworden.

http://www.basf.de

Beckers Bester

1931 hatte Berta Becker, Frau eines Landwirtes, den Einfall, das auf einem gerade erst erworbenen Grundstück geerntete Obst zu Süßmost verarbeiten zu lassen. Schon 1932 war die Nachfrage danach so groß, dass die Beckers eine eigene Presse kauften und Süßmost auf dem eigenen Hof produzierten.

Bald wurde auch das Obst der Nachbarschaft auf dem Hof der Beckers zu Saft verarbeitet. Obstplantagen wurden angelegt und immer größere Mengen Saft produziert, so dass 1936 die provisorisch eingerichteten Kelterräume des Hofes nicht mehr ausreichten. Die Nebentätigkeit von Berta Becker war zur Haupteinkommensquelle der Familie geworden. Daher wurde der frühere landwirtschaftliche Betrieb jetzt größtenteils zur Mosterei umgebaut.

Ein Zentner Äpfel lieferte schon damals 36 Flaschen Most, die zum Preis von 24 Pfennig je Flasche verkauft wurden. Heute ist „Beckers Bester" immer noch in Familienbesitz und produziert täglich 500 000 bis 600 000 Flaschen.

http://www.beckers-bester.de

Beck's

Lüder Rutenberg, Bremens größter Baumeister des 19. Jahrhunderts, hatte eine besondere Leidenschaft für die Bierbrauerei. 1873 erhielt er bei einer Versteigerung den Zuschlag für die „Duntz'sche Brauerei" in Bremen. Zusammen mit dem Braumeister Heinrich Beck und dem Kaufmann Thomas May gründete er die „Kaiserbrauerei Beck & May o.H.G.". Der internationale Durchbruch gelang 1876 auf der Weltausstellung in Philadelphia, USA, wo die Brauerei für die hervorragende Qualität des Bieres „Pilsener Art" eine Goldmedaille erhielt. Als eine der ersten Brauereien errichtete „Beck & May" 1888 Kühlsysteme, die ohne Eis arbeiteten, und betrieb ab 1893 sogar ein bakteriologisches Laboratorium für die Zucht eigener hochwertiger Bierhefe. Den Großsegler mit den grünen Segeln setzt „Beck's" seit 1984 als optisches Erkennungszeichen ein. 1992 kam dann der Song „Sail away" als akustisches Signal des Markenauftritts hinzu.

http://www.becks.de

Birkenstock

BIRKENSTOCK®

1774 wurde Johann Adam Birkenstock in das kirchliche Archiv in Langenberg als „Untertan und Schuhmacher" eingetragen. Der von ihm geführte Familienbetrieb konnte die Qualität seiner Schuhe stetig verbessern und wurde dadurch weithin bekannt. 1896 begann sein Nachfolger Konrad Birkenstock in zwei Werkstätten in Frankfurt mit der Produktion von Fußbetteinlagen.
Vor führenden Meistern und Innungsvertretern hielt er Vorträge über den von ihm entwickelten „vollplastischen Maßschuh". Während des Ersten Weltkrieges wurde Konrad Birkenstock im Lazarett Frankfurt-Friedrichsheim mit der Anfertigung orthopädischer Schuhe für Kriegs-

verletzte beauftragt und erwarb sich durch seine Leistungen die Anerkennung und Förderung von Prof. Dr. Ludhoff, dem Leiter des Lazaretts. 1925 trat Konrad Birkenstock junior in die Firma ein und begann mit dem Ausbau des Unternehmens. Er verstärkte den Export ins europäische Ausland, so nach Frankreich, Italien, Schweden oder in die damalige Tschechoslowakei. Auch heute noch ist „Birkenstock" in Familienbesitz. Alex Birkenstock leitet das Unternehmen in fünfter Generation.

http://www.birkenstock.de

Blend-a-med

Bis ins 20. Jahrhundert war Zahnpasta teuer und nur in Apotheken und Drogerien erhältlich. Die Brüder Rudolf und Hermann Schneider gründeten daher 1932 die Blendax Werke in Mainz mit dem erklärten Ziel, qualitativ hochwertige und zugleich preisgünstige Zahnpasta herzustellen. Sie produzierten nicht nur die Zahncreme selbst, sondern auch die Verpackung und vertrieben das Produkt im Lebensmitteleinzelhandel. Erst durch sie wurden Zahnpflegeprodukte in Deutschland für jedermann erschwinglich.

▪ ▪ ▪ ▪ ▪ ▪ ▪ ▪ ▪ ▪ **http://www.blend-a-med.de**

BMW

▪ Die „Bayrischen Motoren Werke", kurz BMW, wurden 1916 als Flugzeugmotorenfabrik in München gegründet. 1923 rollte das erste Motorrad aus den Werkhallen. Im Jahr 1928 übernahm das Unternehmen die „Fahrzeugwerke Eisenach" und damit die Lizenz am Kleinwagen Dixi, der somit das erste von BMW produzierte

Automobil wurde. Die Konstruktion des Dixi wurde in München weiterentwickelt, der Dixi selbst aber bis in die 40er-Jahre in Eisenach gebaut. Auch die ersten vollständig in München entwickelten BMW-Automobile, wie zum Beispiel der BMW 3/15 oder 3/20, wurden im Eisenacher Werk produziert. Die Unternehmensbereiche entwickelten sich so schnell, dass bereits 1934 der Bereich Flugzeugmotoren abgekoppelt werden musste. 1941 wurde die Automobilproduktion kriegsbedingt eingestellt, die Motorradproduktion nach Eisenach verlegt und wurde im Bereich Flugzeugmotoren geforscht und produziert. Des Weiteren erprobte BMW während des Krieges auch Raketen, die jedoch nie bis zur Serienreife entwickelt wurden. Am Ende des Zweiten Weltkrieges waren die BMW-Produktionsstätten zum Großteil zerstört. Das Werk in München wurde demontiert, und BMW wurde von den Alliierten ein 3-jähriges Produktionsverbot auferlegt. Erst sechs Jahre nach Kriegsende stellte BMW sein erstes Nachkriegsauto vor, den „501“. Finanziell war dieser jedoch kein Erfolg. So konnte BMW zunächst lediglich im Bereich Motorräder und Flugzeugmotoren wieder Fuß fassen.

1959 stand das Unternehmen kurz vor dem Aus; verhindert wurde ein Verkauf damals nur durch die Kleinaktionäre. Erst ab 1963 schrieb BMW durch den Erfolg des Modells „1500“ wieder schwarze Zahlen, und 1965 war der Automobilzweig bereits so stark gewachsen, dass er den Flugzeugmotorenbereich in seiner wirtschaftlichen Bedeutung weit übertraf. BMW konzentrierte sich daher ganz auf die Automobilproduktion. Das 1978 von Bosch (→ Bosch) entwickelte „Anti-Blockier-System“ (ABS) ging 1980 in Serie. 1990 stieg BMW mit der Gründung der „BMW Rolls-Royce GmbH“ wieder in die Flugzeugmotorenherstellung ein.

http://www.bmw.de

Bogner

Die Geschichte der Firma Bogner beginnt mit einem erfolgreichen Skifahrer, der 11-mal deutscher Meister in der nordischen Kombination wurde: Willy Bogner senior. Er gründete 1932 den „Willy Bogner Skivertrieb". Seine Freundin und spätere Frau Maria Lux entwarf Sportmoden, Willy Bogner kümmerte sich um deren Produktion und Vertrieb. 1936 nahm Willy Bogner an den Olympischen Winterspielen in Garmisch-Partenkirchen teil. Er und das gesamte deutsche Team trugen Bogner. Bis heute ist Bogner offizieller Ausrüster der deutschen Olympiamannschaft und des DSV-Teams geblieben. In den darauf folgenden Jahren expandierte die Firma Bogner und verkaufte ihre Artikel sogar in den USA. Wie beliebt Bogner war, zeigt eine Anekdote aus dem Jahr 1956. Die Mitglieder der US-amerikanischen Damennationalmannschaft weigerten sich in diesem Jahr, ihre in den USA produzierte Ausstattung zu tragen, und wurden mit Bogner-Stretch-Outfits neu eingekleidet. Willy Bogner junior war wie sein Vater Skifahrer und Olympiateilnehmer. 1967 zog er sich jedoch vom internationalen Skisport zurück und widmete sich seiner zweiten Leidenschaft, dem Film. Bereits ein Jahr später war er Spezialkameramann für die Skiszenen im Spionagethriller „James Bond 007 – Im Geheimdienst Ihrer Majestät". Außerdem war er in diesem wie in drei weiteren James-Bond-Filmen Regisseur des Skiteams. Als Sportfilmer war Willy Bogner junior 1972 Spezialkameramann beim offiziellen Olympiafilm zur Olympiade in München. Doch auch für das Familienunternehmen war er aktiv. Als Modefotograf und Werbedesigner verhalf er der Firma zu einem immer größer werdenden Bekanntheitsgrad, der heute in Deutschland bei circa 64 Prozent liegt. Seit dem Tod seines Vaters 1977 leitet Willy Bogner junior zusammen mit seiner Frau Sônia den Konzern. Seitdem konnte das Unternehmen für seine Kollektion zahlreiche Modepreise gewinnen.

http://www.bogner.de

Bosch

BOSCH

Robert Bosch wurde am 23. September 1861 in Albeck bei Ulm geboren. Mit 25 Jahren eröffnete er seine erste Werkstatt für Feinmechanik und Elektrotechnik in Stuttgart. 1898 entwickelte Bosch den ersten Magnetzünder für ein motorisiertes Fahrzeug. Die Nachfrage seitens der stetig wachsenden Automobilindustrie war so groß, dass er noch im gleichen Jahr seine erste Auslandsvertretung in England und ein Jahr später auch Vertretungen in Frankreich und Belgien gründete.

1906 eröffnete Bosch die erste Vertretung in den USA, um den dortigen boomenden Automarkt versorgen zu können. Schon nach wenigen Wochen konnte die New Yorker Vertretung Aufträge im Wert von über einer Million Dollar nach Stuttgart weiterleiten, und so entschloss sich Robert Bosch drei Jahre später, eine Fabrik für Magnetzünder in Springfield, USA, zu bauen. Bereits 1913 wurden 82 Prozent des Unternehmensumsatzes außerhalb Deutschlands erwirtschaftet. In den folgenden Jahren und Jahrzehnten wurde die Produktpalette von Bosch immer vielfältiger. Schon 1902 entwickelte Bosch die Zündkerze, später Anlasser (1914), Scheibenwischer (1926), Diesel- und Benzineinspritzpumpen (1927 bis 1951) und schließlich das Anti-Blockier-System (1978) und das erste Fahrzeug-Navigationssystem mit Sprachausgabe (1995), um nur einige Beispiele zu nennen. Robert Bosch engagierte sich auch von Anfang an für eine Verbesserung der Arbeitsbedingungen. So führte er 1906 den 8-Stunden-Tag und vier Jahre später den arbeitsfreien Samstagnachmittag ein, der 1952 in einen freien Samstag bei vollem Lohnausgleich umgewandelt wurde. Die Firma Bosch zahlte ab 1934 Arbeits- und Erfolgsprämien an ihre Mitarbeiter und gründete 1953 die Bosch-Betriebskrankenkasse. Heute ist Bosch ein weltweit agierendes Unternehmen, das seinen Hauptabsatzmarkt in den USA hat. Im Jahr 1998 erzielten dort 15 000 Mitarbeiter an 20 Standorten einen Umsatz von 6,8 Milliarden Deutsche Mark.

http://www.bosch.de

Brandt

Carl Brandt entwickelte 1912 das Rezept für einen Zwieback („zweimal Gebackenes"), der bei gleich bleibender Qualität industriell hergestellt und preisgünstig angeboten werden konnte. Er konstruierte auch eine Maschine, um den Zwieback zu schneiden, und fand eine Lösung für das Frischhalteproblem. Bisher musste Zwieback in Dosen verpackt werden, um seine Konsistenz zu erhalten, und diese waren als Verkaufsverpackung zu teuer. Carl Brandt entwickelte einen 3-lagigen Frischhaltebeutel, in dem sich der Zwieback über lange Zeit frisch hielt.

Heute ist Brandt-Zwieback in vielen verschiedenen Sorten auf dem Markt, zum Beispiel mit Schokolade oder Kokosraspeln, als Vollkorn- oder Müslizwieback.

http://www.brandt-zwieback.de

BREE

Die Marke BREE wurde 1970 von Wolf Peter Bree in Isernhagen eingeführt und ist seitdem kontinuierlich ge-

wachsen. Anfangs wurden robuste Schultaschen, Arzttaschen und Wanderrucksäcke aus Naturleder hergestellt. Damit war BREE sehr erfolgreich, und so expandierte das Unternehmen 1983 in die USA und nach Kanada.
Aber nicht nur robuste Taschen, sondern auch elegantes Design und funktionales Reisegepäck gehören mittlerweile zur Angebotspalette von BREE. Heute ist der Firmenbesitz in Hannover, von wo aus über 50 Exklusivgeschäfte weltweit beliefert werden.

http://www.bree.de

Budweiser Budvar

Ende des 19. Jahrhunderts konnte das Brauwesen einen beachtenswerten Aufschwung verzeichnen. Die

Zahl der Brauberechtigten war jedoch streng begrenzt. Erst die Gründung einer neuen Brauerei in Form einer Aktiengesellschaft bot daher weiteren Investoren einen Einstieg.

So wurde das Böhmische Aktien-Bräuhaus, der unmittelbare Vorgänger der heutigen Budweiser Budvar, am 15.4.1895 gegründet.

Benannt wurde das von der neuen Brauerei gebraute Bier nach der Stadt České Budějovice.

Wie bekannt und angesehen das Markenzeichen Budweiser war und ist, zeigt sich nicht zuletzt daran, dass andere Unternehmen sich auch gerne damit schmücken – so z. B. der deutsche Einwanderer und Getränkehändler C. Conrad (1876–1907), die Brauerei Dubois in Pennsylvania, Budweiser Brewing Cox in Brooklyn (1884–1898) und die Anheuser-Busch Brewing Association, die heutzutage größte Brauerei der Welt (→ Anheuser-Busch).

http://www.budvar.cz

Burger King

In Miami, Florida, gründeten James McLamore und David Edgerton 1954 das Unternehmen Burger King. Die Idee der beiden Gründer war einfach: Qualitativ hochwertiges und zugleich preiswertes Essen sollte schnell serviert werden. Das Spitzenprodukt, der „Whopper", kostete damals ganze 37 US-Cent, und so fand das Restaurant im Miami der 60er-Jahre großen Zuspruch. Seitdem hat die „Burger King Corporation" in der ganzen Welt Restaurants eröffnet, wo sie heute täglich an die 15 Millionen Gäste bedient. Im Jahr 2000 zählte das Unternehmen in 58 Ländern circa 11 000 Schnellrestaurants und beschäftigte über 320 000 Mitarbeiter.

http://www.burger-king.de

Camel

1875 gründete Richard Joshua Reynolds eine Tabakfabrik in Winston in North Carolina, USA. Die ersten Produkte waren Tabake wie Old Rip, Fat Back, Red Meat oder Minnie Ogburn. 1907 führte er den Pfeifentabak Prince Albert ein und bald darauf eine Zigarettenmarke. Da in der damaligen Zeit Exotik in Mode war, gab er der Zigarette den Namen „Camel".

Die erste Werbekampagne für dieses Produkt startete Reynolds 1913, als der „Barnum und Bailey's Zirkus" nach Winston kam. Mit Slogans wie „The Camels are coming!" zusammen mit einer Zeichnung von Old Joe, dem Dromedar des Zirkus, wurde auf die Zigarettenmarke aufmerksam gemacht (Im Amerikanischen wird „Camel" auch als Gattungsbegriff für beide Tierarten ver-

wendet.). Reynolds ließ ein Foto von dem Dromedar machen als Vorlage für die Illustration der Zigarettenpackung.
Ausgehend von dieser Kampagne eroberte Camel den amerikanischen Markt und 1968 dann auch den deutschen. Zur Einführung von Camel lief in Nürnberg und auch vielen anderen Städten eine Beduinin mit einem Kamel durch die Straßen und verteilte Zigaretten.

http://www.rjt.com

Campari

CAMPARI®

1860 gründete Gaspare Campari in Mailand ein Unternehmen zur Herstellung von Likören. Eines seiner ersten Produkte war der Bitter Campari. Als „Maître licoriste“ und Besitzer eines Bistros namens „Camparino" servierte er zwei Jahre später seinen Gästen zum ersten Mal Campari und startete damit den weltweiten Siegeszug seiner Hausmarke. CAMPARI besteht auch heute noch aus nicht weniger als 86 Wurzelextrakten, Kräutern und Gewürzen. Das Bistro kann man noch heute, allerdings unter anderem Namen, in der berühmten Galleria am Mailänder Dom besuchen.

http://www.campari.com

Campbell

Im Jahr 1869 gründeten der Fruchthändler Joseph Campbell und der Eisbehälterhersteller Abraham Anderson ein Unternehmen zur Herstellung von Suppen, Gelees und Ähnlichem in Camden, USA. 1876 trennten sich die beiden Partner wieder. Campbell kaufte die Anteile von Anderson auf und gründete mit Arthur Dorrance ein neues Unternehmen – „Joseph Campbell & Company".

Zur berühmten Suppe kam das Unternehmen erst 21 Jahre später: Arthur Dorrance stellte seinen 24-jährigen Neffen Dr. John T. Dorrance als Chemiker ein. Dieser erfand ein Verfahren zur Konzentration von Suppen, wodurch diese nicht nur haltbarer wurden, sondern auch geringeres Gewicht hatten und kostengünstiger transportiert, gelagert und angeboten werden konnten.

http://www.campbellsoup.com

Carlsberg

In der Mitte des 19. Jahrhunderts begann J. C. Jacobsen seine Karriere als Bierbrauer in der väterlichen Brauerei in Kopenhagen. Die Brauerei produzierte damals wie alle dänischen Brauereien obergäriges Bier. Die unerträglichen hygienischen Zustände in der Hauptstadt veranlassten Jacobsen bald dazu, nach einer anderen Produktionsstätte zu suchen. Er fand den idealen Standort in der ländlichen Kleinstadt Valby.

Die neue Brauerei wurde auf einem Hügel errichtet, und so gründete J. C. Jacobsen die „Carlsberg Brauerei", deren Name zustande kam durch Kombination des dänischen Wortes „berg" für deutsch „Hügel" und dem Vornamen von Jacobsens 5-jährigem Sohn Carl. Aber nicht nur der Produktionsstandort wurde verlagert, sondern es wurde auch ein anderes Bier gebraut. Jacobsens Ziel war die Produktion von untergärigem Bier nach bayrischer Tradition.

Nach zahlreichen Studienreisen nach Altona (Hamburg) und München begann 1847 die erste Produktion von dänischem untergärigem Bier in der Carlsberg Brauerei.

http://www.carlsberg.com

Cebion

Anfang der 30er-Jahre wurde das Verfahren zur synthetischen Herstellung von Vitamin C entwickelt, mit dem im Jahr 1933 die industrielle Produktion aufgenommen werden konnte. Dies bedeutete den endgültigen Sieg über die Mangelerkrankung Skorbut. Am 8. Juli desselben Jahres ließ die Firma Merck „Cebion“, den Markennamen für die von ihr hergestellte Ascorbinsäure, als Warenzeichen eintragen.
Ab dem darauf folgenden Jahr wurden Cebion-Präparate in Form von Tabletten und Ampullen vermarktet. Die Zusammensetzung und die ursprüngliche Tablettenform sind bis heute unverändert geblieben.

http://www.cebion.de

Chio Chips

■ 1962 gründete die Familie von Opel auf dem Hofgut Petersau bei Frankenthal in der Pfalz ihr Unternehmen für Knabberartikel und Kartoffelchips.
Der Firmenname wurde aus den Initialen der Vornamen und des Nachnamens der Familie gebildet: Carl, Heinz und Irmgard von Opel.

■ ■ ■ ■ ■ ■ ■ ■ ■ ■ ■ ■ ■ ■ ■ **http://www.chio.de**

Coca-Cola

Im Jahr 1886 braute der Drogist Dr. John Stith Pemberton aus Atlanta in einem Kessel auf seinem Hinterhof eine karamelfarbene Flüssigkeit zusammen. Erster Abnehmer dieses Sirups war die Jacobs Apotheke am Ende seiner Straße. Den Namen dazu erfand sein Buchhalter, Frank M. Robinson: „Coca-Cola". Er ging zurück auf zwei wesentliche Bestandteile des Produktes: die Extrakte aus Coca-Blättern und aus der Cola-Nuss. Da Coca-Blätter Kokain enthalten, ist der Extrakt daraus heute nicht mehr Bestandteil des Getränks. Aber in den Anfängen, als das Produkt noch als „Esteemed Brain Tonic and Intellectual Beverage" angepriesen wurde, enthielt es sicherlich einen gewissen Anteil an dem Rauschmittel.

http://www.coca-cola.de

Compaq

■ 1982 gründeten die US-Amerikaner Rod Canion, Jim Harris und Bill Murto in Houston, USA, die „Compaq Computer Corporation". Sie produzierten den ersten tragbaren Computer der Welt. Ein Jahr später gingen sie mit 111 Millionen US-Dollar Umsatz – dem bis dahin höchsten Erstjahresergebnis in den USA – in die Wirtschaftsgeschichte ein. In den folgenden Jahren konnte Compaq durch innovative Technik immer wieder kleine Sensationen präsentieren und in die ganze Welt expandieren. Zum Beispiel kam 1989 das erste Notebook, also ein tragbarer Computer im A4-Format.

Doch nicht nur auf dem Gebiet der tragbaren Computer, sondern auch bei den stationären PCs fasste Compaq Fuß. Im Jahr 1994 wurde das Unternehmen dann erstmals größter PC-Hersteller weltweit. Mit 13,2 Millionen verkauften Computersystemen hielt Compaq 1998 über 14 Prozent des Weltcomputermarktes.

http://www.compaq.de

Continental

1871 wurde in Hannover die „Continental Caoutchouc & Gutta Percha Compagnie" als Aktiengesellschaft gegründet. Als das irische Konkurrenzunternehmen Dunlop (→ Dunlop) 1888 den ersten Fahrradluftreifen aus Gummi entwickelte, nahm Continental die Idee auf und produzierte ab 1892 als erste deutsche Firma Fahrradschläuche, so genannte Pneumatics. Die Luftreifen erwiesen sich als äußerst erfolgreich, so dass Continental ab 1898 auch „Pneumatics" für die ersten Autos produzierte. Jedoch nicht nur Reifen, sondern auch Spannstoffe für die ersten Flugzeuge wurden von Continental entwickelt. So zum Beispiel 1909: Das erste Flugzeug, das den Ärmelkanal überquerte, war mit Aeroplanstoff von Continental bespannt. Heute ist Continental ein weltweit agierender Konzern.

http://www.continental.de

C&A

■ Bereits seit dem 17. Jahrhundert handelte die Familie Brenninkmeijer aus Mettingen, Deutschand, mit Textilien und Leinen. 1841 errichteten die Brüder Clemens und August Brenninkmeijer in Holland zunächst ein Warenlager, das später zum Ladenlokal wurde. Der Name dieses 1861 gegründeten Geschäftes setzte sich aus den Anfangsbuchstaben ihrer beiden Vornamen zusammen: „C&A". Der Erfolg dieses ersten C&A-Geschäftes ging darauf zurück, dass es als eines der ersten Konfektion, also fertige Kleidung in verschiedenen Größen, aus unterschiedlichen Stoffen und mit verschiedenartigen Schnitten anbot. Die Kunden konnten Kleidung von der Stange kaufen, die wesentlich billiger war als maßgeschneiderte Kleidungsstücke.

http://www.c-und-a.de

Danone

1919 gründete Isaac Carasso in der Nähe von Barcelona ein Unternehmen zur Joghurtproduktion. Zu dieser Zeit kannte man Joghurt in Europa kaum und erst recht nicht die gesundheitsfördernden Bestandteile und positive Wirkung dieses Nahrungsmittels. Aber Isaac Carasso war so überzeugt von seiner Idee, dass er die Verbreitung dieses Produktes zu seinem Lebensinhalt machte. Als Zeichen für seinen unerschütterlichen Glauben an den wirtschaftlichen Erfolg nannte er das Unternehmen nach seinem Sohn Daniel; er nannte es „Danone“.

http://www.danone.de

DEA

1899 wurde die „Deutsche Tiefbohr Aktiengesellschaft" (DTA) in Berlin gegründet. Zwei Jahre später führte sie erstmals auf eigene Rechnung Bohrungen durch und beteiligte sich an der Kaliindustrie. 1905 waren bereits eigene Ölfelder im In- und Ausland erschlossen, so in Wietze bei Celle, in Galizien und Rumänien. Durch die wachsende Bedeutung von Erdöl verlagerte sich auch das unternehmerische Wirkungsfeld der DTA immer mehr auf das Schwarze Gold. 1911 erhielt das Unternehmen den bis heute bekannten Namen „Deutsche Erdöl Aktiengesellschaft", kurz: DEA. Die Förderung von Erdöl, die Herstellung und der Vertrieb von Mineralölprodukten machten die Gesellschaft zum integrierten Mineralölunternehmen.

http://www.dea.de

Deka

„Ein klarer erkennbares Profil im zukunftsträchtigen Fondsgeschäft", so lautete Ende 1999 das Ziel des Deka-Bank-Konzerns. Als zentraler Investmentfondsdienstleister der Sparkassenorganisationen, mit den Sparkassen als exklusiven Vertriebspartnern, stand dem Unternehmen ein großes und gut ausgebautes Vertriebsnetz in Deutschland zur Verfügung.

Es war nun wichtig, das Deka-Profil mit den positiven Werten des Sparkassenimages – Kundennähe und Vertrauenswürdigkeit – zu verbinden.

Optisch geschah das durch das leuchtende Rot, das in Deutschland für den Sparkassen-Schriftzug üblich ist und jetzt auch für das Deka-Logo verwendet wurde.

http://www.deka.de

Del Monte

1875 gründete der aus Ohio stammende Arzt Dr. James Dawson in San Francisco ein Unternehmen für die Verpackung von Früchten aller Art, die „California Fruit Packing Corporation".

1892 wurde der Name Del Monte zum ersten Mal auf das Etikett von Konservendosen aufgedruckt, die für das renommierte Hotel Del Monte in Monterey bestimmt waren. Schon bald avancierte der Name zum Garantieversprechen, das schließlich 1920 in den Slogan „Not a label, but a guarantee" mündete.

http://www.del-monte.de

Deutsche Bank

■ Als Ende des 19. Jahrhunderts im Zuge der Industrialisierung der Finanzierungsbedarf der Industrie stark zunahm, entwickelte Adelbert Delbrück zusammen mit anderen Privatbankiers in Berlin das Statut für eine neue Aktienbank, das 1870 in der Deutschen Bank verwirklicht wurde.
Das Ziel war die Finanzierung des deutschen Außenhandels. Deshalb agierte die Deutsche Bank von Anfang an international und eröffnete Filialen in Hamburg, London, Shanghai und Yokohama. In den ersten Jahrzehnten engagierte sich die Bank wesentlich in der Eisen- und Stahlindustrie und beteiligte sich am Aufbau der Elektroindustrie.

Sie expandierte rasch, jedoch nur bis zum Ausbruch des Ersten Weltkrieges 1914, der die große Zeit der Fir-

mengründungen abrupt beendete. Nach dem Krieg hatte die Deutsche Bank ihr Auslandsvermögen weitgehend verloren, doch schon in den 20er-Jahren stabilisierte sich die Lage durch Zusammenschlüsse mit regionalen Banken und insbesondere durch die Fusion mit dem stärksten Konkurrenten – der Disconto-Gesellschaft.
Nur durch diese Fusion überlebte die Deutsche Bank auch die Weltwirtschaftskrise von 1929.

Nach der Machtergreifung Adolf Hitlers wurde die Deutsche Bank bald zum Instrument des Regimes. Sie entließ ihre jüdischen Angestellten, beteiligte sich an der „Arisierung" jüdischer Unternehmen und übernahm Banken im besetzten Ausland. 1945 wurde sie in der sowjetischen Zone verstaatlicht und im übrigen Deutschland in zehn Institute zerschlagen.
Unter dem Namen „Deutsche Bank" durfte kein Bankgeschäft mehr getätigt werden. Doch 1957 gelang es, einen Teil der Unterfirmen wieder zur Deutschen Bank zusammenzuschließen.
Seit den 50er-Jahren ist die Deutsche Bank auch im Privatkundengeschäft tätig und öffnete sich damit einem sehr schwierigen Bereich des Bankwesens.

http://www.deutsche-bank.de

Disney

Walt Elias Disney wurde am 5.12.1901 in Chicago geboren und wuchs auf einer Farm in Missouri auf. Er interessierte sich früh für Malerei und Grafik und verkaufte bereits mit sieben Jahren Skizzen an die Nachbarn. Später veröffentlichte er in der Schulzeitung Fotografien und Zeichnungen.
1918 meldete er sich freiwillig zum Militärdienst, wurde aber auf Grund seines Alters nicht genommen. Daraufhin arbeitete er als Krankenwagenfahrer für das Rote Kreuz in Europa. Seinen Krankenwagen bemalte er vollständig mit Bildern und Comics.
Nach seiner Rückkehr in die USA nahm er eine Stelle als Werbegrafiker in Kansas City an. 1920 schuf er seinen

ersten animierten Cartoon und perfektionierte später eine Methode, mit deren Hilfe man im Film Animation und reale Szenen verbinden konnte.

Drei Jahre später übersiedelte Walt Disney mit diesem „animated and live-action film" nach Hollywood, wo er zusammen mit seinem Bruder in einer Garage ein kleines Filmstudio aufbaute.
1928 kreierte Disney die Zeichentrickfigur Mickey Mouse und produzierte den ersten stummen Mickey-Mouse-Film „Plane Crazy". Doch bevor dieser veröffentlicht werden konnte, wurde der Tonfilm eingeführt. Aus diesem Grund drehte Disney einen neuen Film mit Ton, der am 18.11.1928 unter dem Titel „Steamboat Willie" im Kino lief. Seither entstanden 252 Disney-Filme.

Weitere Großprojekte, die Walt Disney ins Leben gerufen hat, wie zum Beispiel Walt Disney World oder das EPCOT Center (EPCOT steht für Experimental Prototype Community of Tomorrow), sind ebenfalls bis heute sehr erfolgreich.

http://www.disney.de

Dole

1899, ein Jahr nach der Annektierung Hawaiis durch die USA, kam der junge Harvardabsolvent James Drummond Dole nach Oahu: Als Gartenbau- und Landwirtschaftsfachmann wollte er hier einen eigenen Betrieb aufbauen. 1900 wurde Hawaii endgültig amerikanisches Territorium, und James Drummond Doles Cousin Sanford Dole wurde zum ersten Gouverneur ernannt. Er selbst begann 1901 mit dem Anbau von Ananas auf 60 Hektar Land, und im selben Jahr gründete er die Hawaiian Pineapple Company. Mit dem Slogan „We have built this company on quality, quality and quality" standen die von ihm produzierten Dosen-Ananas bald in jedem Geschäft. 14 Jahre später war die Hawaiian Pineapple Company das zweitgrößte Unternehmen Hawaiis.

http://www.dole.com

Duden

■ 1880 gab Konrad Duden ein „Vollständiges orthographisches Wörterbuch der deutschen Sprache“ heraus. Sein Ziel war es, damit eine einheitliche deutsche Rechtschreibung zu schaffen und im gesamten deutschen Sprachraum durchzusetzen. Der Duden hat sich als Standardwerk der deutschen Sprache etabliert, und die Marke Duden ist mittlerweile ein Synonym für Wörterbücher aller Art.

http://www.duden.de

Dunlop

1888 entwickelte der Ire John Boyd Dunlop für seinen Sohn den ersten pneumatischen Dreiradreifen. Dazu klebte er dünne Gummiplatten zusammen, wickelte sie um die Räder des Dreirads und pumpte die so entstandenen Schläuche mit einer Fußballpumpe auf.
Schnell wurde der Erfolg des Luftreifens publik, und 1889 gründete Dunlop bereits das erste Dunlop Reifenwerk in Dublin. Nur vier Jahre später expandierte er nach Europa und eröffnete in Hanau seine erste Auslandsniederlassung unter dem Namen Dunlop Pneumatic and Tyre Co. GmbH.

http://www.dunlop.de

Edding

Edding – ein Stift mit Filzspitze, der sich auf jedes Material auftragen lässt, sekundenschnell trocknet und wisch- und wasserfest ist – wurde im Jahr 1959 von Volker D. Ledermann bei einem japanischen Geschäftsfreund entdeckt.

Um einen Import und Vertrieb dieses Artikels aufzubauen, wandte er sich an seinen Freund Carl-Wilhelm Edding, der zu dieser Zeit bereits im Handel mit Japan tätig war. In Deutschland entwickelten sie gemeinsam den Prototyp dieses Filzschreibers: den „edding No. 1“. Heute gibt es ein Sortiment mit den unterschiedlichsten Schreibspitzen; die Farbpalette des bekanntesten Edding, dem edding 300, der heute in mehr als 40 Ländern der Welt erhältlich ist, umfasst mittlerweile 20 verschiedene Farbtöne.

http://www.edding-ag.de

Electrolux

■ 1901 wurde in Stockholm die Firma Lux gegründet, die eine Kerosinlampe für den Außengebrauch produzierte. Die Lux-Lampe (Lux, lateinisch, = Licht) wurde weltweit in Leuchttürmen eingesetzt und somit zum Verkaufsschlager. Um 1908 wurde die Konkurrenz durch elektrische Lampen so groß, dass Lux seine Produktpalette umstellen musste. Der Stockholmer Axel Wenner-Gren gehörte von 1912 an zum Unternehmen, er entwickelte ein gänzlich neues Produkt. Wenner-Gren hatte zuvor für einen Wiener Staubsaugerhersteller gearbeitet, dessen Staubsauger allerdings noch unhandlich, schwer und sehr groß waren. Bei Lux entwickelte er den ersten Haushaltsstaubsauger, den Lux 1. Er wurde zum Generalvertreter des Unternehmens ernannt und baute in Deutschland, Großbritannien und Frankreich den Direktvertrieb dieses Staubsaugers auf.

1919 wurde durch den Zusammenschluss der Firmen

Lux und Elektromekaniska das Unternehmen Elektrolux gegründet und Axel Wenner-Gren zu dessen Geschäftsführer ernannt. Elektrolux entwickelte selbst bzw. erwarb die Produktionsrechte für andere wichtige Haushaltsgeräte wie zum Beispiel den Kühlschrank, eine Erfindung der Stockholmer Studenten Baltazar von Planten und Carl Munters, den ersten Gefrierschrank und eine Haushaltswaschmaschine.

Im Zuge der Globalisierung änderte man 1957 die Schreibweise des Firmennamens von „Elektrolux" zu „Electrolux" und begann mit Erfolg, Caravan-Kühlschränke in die USA zu exportieren. 1962 gewann Electrolux durch den Kauf eines weiteren schwedischen Unternehmens eine äußerst wichtige Produktgruppe hinzu: Elektroherde. Um sich weltweit weiterhin behaupten zu können, erwarb Electrolux 1974 den US-amerikanischen Haushaltsgerätehersteller NUE. Mit diesem Kauf wurde das Unternehmen größter Staubsaugerhersteller weltweit. Heute hält Electrolux unter anderem Anteile am Haushaltsgerätebereich der AEG AG und ist Weltmarktführer bei Haushaltsgeräten wie Kühlschränken, Waschmaschinen, Backöfen und Staubsaugern.

http://www.electrolux.de

Em-eukal

1899 eröffnete der Apotheker Dr. C. Soldan in Nürnberg eine Medizinaldrogerie. Wenige Jahre später erweiterte er sein Angebot an Apothekenwaren um Verbandsstoffe und Drogeriebedarf im Großhandel. Im Jahr 1923 erfand er das erste Hustenbonbon. Die Wirkung von Menthol und Eukalyptus auf erkrankte Atemwege war zwar hinlänglich bekannt, aber eine bequeme Darreichungsform dieser Wirkstoffe fehlte bis dahin noch. Der Erfolg stellte sich schnell ein und mit ihm die Nachahmer. Um das Produkt besonders zu kennzeichnen, erhielt daher schon bald jedes Bonbon das „Fähnchen“, das Em-eukal zur unverwechselbaren Marke machte. Der Produktname stammt von den beiden Hauptbestandteilen: „Em“ wie „M“ von Menthol und „Eukal“ von Eukalyptus. Bis in die 50er-Jahre wurden Em-Eukal-Bronchialbonbons Bergleuten ärztlich verordnet.

http://www.em-eukal.de

Erasco

1886 gründete Paul Erasmi in Lübeck die Erasmi & Co. Conservenfabrik zur Verarbeitung von Früchten aus der Landwirtschaft der Region, die in handgelöteten Dosen konserviert wurden. Genau 40 Jahre später fusionierte Erasmi & Co. mit der 1873 gegründeten F. Vorbeck GmbH & Co., die zu den führenden Herstellern von Marzipan und Süßwaren gehörte. 1950 wurde der bis heute für Konservengerichte aller Art bekannte Markenname eingeführt: Aus Erasmi & Co. wurde Erasco. Die Konzentration auf die Produktion von Fertiggerichten aus der Dose erfolgte jedoch erst knapp 20 Jahre später, als 1969 die Süßwarenproduktion stillgelegt wurde. Heute gehört Erasco zur Campbell Soup Company, USA (→ Campbell's).

http://www.erasco.com

Erdal-Rex

■ 1867 gründeten die Brüder Werner aus Mainz eine Firma zur Produktion von Kerzen. Sie stammten aus einer Glöcknerfamilie, die durch Kerzenziehen den kläglichen Lohn aufbesserte.

1901 trat der Mainzer Adam Schneider in die Firma ein und entwickelte eine Schuhcreme, die unter dem Namen „Lux" auf den Markt gebracht werden sollte. Jedoch war dieser Name bereits für ein anderes Produkt geschützt. Stattdessen machte man nun die Firmenadresse zum Produktnamen – die Erthalstraße, im Mainzer Dialekt „Erdalstraße" ausgesprochen.

Vor dem Hintergrund der geringen Alphabetisierungsrate der Bevölkerung war es zu dieser Zeit durchaus üblich, einen Markennamen mit einem Markenzeichen zu kombinieren. Da die Märchenfigur des Froschkönigs sehr beliebt und bekannt war, nutzte man diese als Erkennungszeichen.

http://www.erdal.de

Ericsson

Die Geschichte der Firma Ericsson reicht bis ins 19. Jahrhundert zurück. In Stockholm gründeten Lars Magnus Ericsson und Carl Johan Anderson im Jahr 1876 die LM Ericsson & Co. Mechanische Werkstatt. Am Anfang wurden hier mechanische Reparaturen aller Art ausgeführt, doch schon wenige Jahre später verließen die ersten Telefone die Werkstatt.

1879 stellten zehn Mitarbeiter 74 Telefone her. Damit konnte das Unternehmen erstmals mit der Bell

Telephone Company (→ AT&T) konkurrieren und ein eigenes Ortsnetz aufbauen. Die Telefone dieser Zeit waren allerdings noch sehr unhandlich. Ericsson versuchte daher, ein besonders kleines Telefon zu entwickeln. Bereits 1892 verkaufte das Unternehmen das erste Tischtelefon mit Handset. Aufgrund der starken Nachfrage stieg die Telefonproduktion im Jahr 1900 auf über 50 000 Stück. Eine weitere wichtige Errungenschaft war 1923 das erste automatische Vermittlungssystem, das auf einer Schaltanlage von Ericsson basierte. Dieses System ermöglichte es, den Gesprächspartner selbst anzuwählen, ohne sich von einer Zentrale vermitteln zu lassen. Heute ist Ericsson ein international agierender Konzern, der als Mobiltelefonanbieter weltweit zu den bekanntesten gehört.

http://www.ericsson.de

Fa

■ 1954 entwickelte die Dreiring KG in Krefeld eine neuartige Feinseife, eine Seife, die nicht nur reinigte, sondern auch pflegte. Diese besondere Wirkung verlieh ihr auch den Namen: die Fabelhafte, kurz Fa. Heute wird Fa von Schwarzkopf & Henkel (→ Schwarzkopf) vertrieben und ist immer noch eines der meistverkauften Körperpflegemittel in Deutschland.

■ ■ ■ ■ ■ ■ ■ ■ ■ ■ ■ ■ ■ ■ **http://www.henkel.de**

Faber-Castell

■ Die ersten Bleistifte im heutigen Sinne kamen aus England, wo man auf eine Graphitgrube gestoßen war und zunächst glaubte, Bleierz gefunden zu haben. Auf diesen Irrglauben geht auch die Bezeichnung „Bleistift" zurück. Erst Ende des 18. Jahrhunderts wurde bewiesen, dass im Bleistift nicht Blei, sondern Graphit enthalten ist.

FABER-CASTELL
since 1761

1761 fertigte der Schreiner Kaspar Faber in Stein bei Nürnberg seine ersten „Bleyweißsteffte". Vier Generationen später entwickelte Lothar von Faber (geadelt 1862) den ersten Qualitätsbleistift in seiner berühmten 6-eckigen Form und versah ihn mit dem Namen „A. W. Faber", benannt nach Anton Wilhelm Faber, der mit der Erweiterung des handwerklichen Betriebes zum Unternehmen begonnen hatte. Lothar von Faber wurde mit seiner an den Deutschen Reichstag gerichteten Petition „Zur Schaffung eines Markenschutzgesetzes" zudem zum Wegbereiter des Markenschutzgesetzes in Deutschland von 1875.

http://www.faber-castell.de

Falk

Der junge Kartograph Gerhard Falk gründete 1945 in Hamburg einen Verlag mit drei Mitarbeitern. Bereits 1946 wurde ein Plan der durch den Zweiten Weltkrieg zerstörten Hansestadt herausgebracht. Die 50 000 gedruckten Exemplare durften nur unter dem Ladentisch verkauft werden, waren aber heiß begehrt. Heute bietet Falk Stadtpläne von über 170 Städten in aller Welt an mit einer Gesamtauflage von über 110 Millionen Exemplaren.

Die typischen Erkennungsfarben der Falk-Stadtpläne sind Gelb, Rot und Blau. Die Patentfaltung, die die Handhabung der Stadtpläne auf kleinstem Raum ermöglicht, ist international geschützt.

http://www.falk.de

Feodora

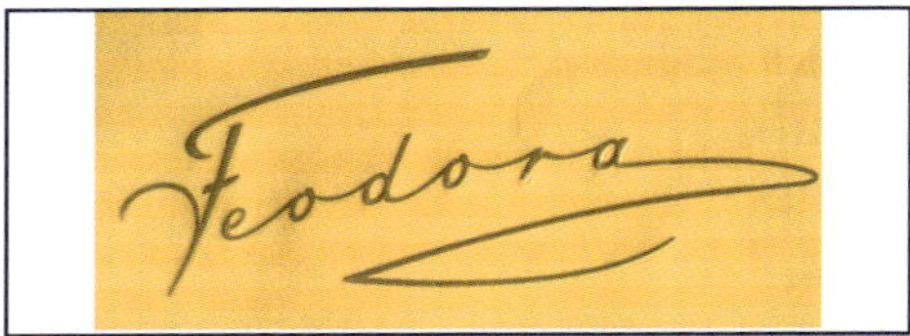

■ 1826 gründete Friedrich Theodor Meyer in Tangermünde an der Elbe ein Zuckersiedereigeschäft. Zu Beginn des 20. Jahrhunderts begann man dort zusätzlich mit der Herstellung feinster Schokoladen und Pralinen. Den Namen erhielten diese Spezialitäten von Prinzessin Feodora, der jüngsten Schwester von Kaiserin Auguste Viktoria und Schwägerin von Kaiser Wilhelm I. Sie gestattete 1910 die Verwendung ihres Namens als Produktnamen, nachdem sie von der feinen „Tangermünder Chocolade" anlässlich einer Wohltätigkeitsveranstaltung gekostet hatte.
Neben dem Namen der Prinzessin schmückt auch das Wappen der Familie Meyer die Schokoladenspezialitäten von Feodora. Heute wird Feodora in Bremen hergestellt, wohin das Unternehmen 1949 angesichts drohender Enteignung umsiedelte.

■ ■ ■ ■ ■ ■ ■ ■ ■ ■ ■ ■ ■ http://www.feodora.de

Ferrari

Enzo Ferrari wurde 1898 in Modena, Italien, geboren. Er war Soldat im Ersten Weltkrieg und arbeitete von 1918 an als Testfahrer in Mailand. Zwei Jahre später wechselte er zu Alfa Romeo und machte dort Karriere, arbeitete sich vom Testfahrer hoch zum Rennfahrer bis zum Direktor der Alfa-Romeo-Rennwagenabteilung.

Das Pferd im Markenzeichen von Ferrari zierte ursprünglich das Flugzeug eines italienischen Kriegshelden, der im Ersten Weltkrieg gefallen war. Dessen Mutter bat Enzo Ferrari 1923 – er hatte gerade für Alfa Romeo sein erstes Rennen gewonnen –, dieses Signet auf den Rennwagen zu übertragen. Doch dieser trug natürlich bereits das Signet von Alfa Romeo. Erst in der 1929 gegründeten Scuderia Ferrari, einem Unternehmen, das Autorennen organisierte, konnte Enzo Ferrari das Pferd als Logo einsetzen.

1932 beim 24-Stunden-Rennen von Spa zierte das Pferd dann als Zeichen für die Rennwagenabteilung von Alfa Romeo unter der Leitung Enzo Ferraris jenen Rennwagen, der das Rennen gewann und damit Geschichte schrieb. 1933 wurde die Scuderia Ferrari ganz an Alfa Romeo angeschlossen. Im Jahr 1940 trennte sich Ferarri dann von Alfa Romeo und machte sich in Rom mit der Auto Avio Construzioni Ferrari selbstständig. Da es ihm durch ein Abkommen mit Alfa Romeo vier Jahre lang verboten war, Autos zu konstruieren, baute Ferrari erst nach dem Zweiten Weltkrieg (1946) seinen ersten eigenen Rennwagen.

Das Pferd wurde zum Logo aller Automobile der Firma Ferrari. Im Jahr 1969 wurde das Unternehmen Partner von Fiat mit einer jeweiligen Beteiligung von 50 Prozent. Enzo Ferrari blieb Geschäftsführer bis zu seinem Tod im August 1988.

▪ ▪ ▪ ▪ ▪ ▪ **http://www.ferrari-deutschland.de**

Fetaki

FETAKI

Franz Mang gründete 1910 das Mang Käsewerk, das zum Vorreiter bei der Edamer- und Goudaproduktion sowie der Butterherstellung im Allgäu wurde. Er beschloss zudem, den von Karl Hirnbein von Belgien ins Allgäu gebrachten Weichkäse mit Rotkulturen zu seiner Spezialität zu machen. Franz Mangs unternehmerisches Geschick sicherte das Überleben des Familienunternehmens auch in den Wirren beider Weltkriege.

1988 wurde in Kammlach im Allgäu die damals modernste Rotkulturkäserei Europas von Mang in Betrieb genommen. Dort werden Käsesorten wie zum Beispiel Romadur oder Limburger unter der Marke „St. Mang" produziert. „Fetaki" (Schafskäse) und „Medirano" (Weißkäse) ergänzen die Produktpalette. Das Mang Käsewerk ist heute im Bereich rotveredelter Weichkäse Marktführer in Deutschland.

http://www.mang-kaesewerk.de

Fielmann

Vor Fielmann lebten die deutschen Optiker in einem kartellähnlichen Markt. Die Preise waren regional einheitlich hoch, die Kassenbrillen zeitlos hässlich. Wer sich teure Feinbrillen nicht leisten konnte, trug den Nachweis seines niedrigen Einkommens per Sozialprothese auf der Nase. Fielmann hat die Diskriminierung abgeschafft.

Der mit der AOK Essen abgeschlossene Sondervertrag war richtungsweisend. Aus acht zeitlos hässlichen Kassenbrillen wurden 90 modische, qualitativ hochwertige Metall- und Kunststoffmodelle in 640 Varianten. Das Einheitsmuster der Vertragsfassungen hat Fielmann abgelöst durch modische Vielfalt.

Die Geschichte des Unternehmens ist von verbraucherfreundlichen Leistungen bestimmt, die es vordem in der Branche nicht gegeben hat: wie die Auswahl vieler tausend offen präsentierter Brillen zum garantiert günstigen Preis, die Geld-zurück-Garantie, die Drei-Jahres-Garantie, die Brillenversicherung gegen Bruch, Verlust, Liegenlassen oder Diebstahl. 1972 eröffnete Fielmann in Cuxhaven seine erste von mehr als 500 Niederlassungen. Heute ist Fielmann Marktführer der Augenoptik.

http://www.fielmann.de

Ford

1892 baute der damals 29-jährige Amerikaner Henry Ford sein erstes Zweizylinderauto, das er in den darauf folgenden Jahren wesentlich verbesserte. 1903 gründete er die Ford Motor Company und produzierte dort ab 1908 das ausgereifte Modell „T“ (genannt „Tin

Lizzy"). Ford entwickelte sehr bald schnellere Methoden zur Fertigung seiner Automobile. Neben Arbeitsteilung und Rationalisierung setzte er ab 1913 das erste Montagefließband ein. Alle zwei Minuten rollte nun ein fertiger Wagen vom Band, was einen für jedermann erschwinglichen Preis ermöglichte. Bis 1927 verkaufte Ford so über 15 Millionen Automobile vom Typ T. Henry Ford war sozial engagiert und setzte eine Anhebung der Löhne und eine Verkürzung der Arbeitszeiten in seinen Fabriken durch. In Deutschland wurde 1925 in Berlin die Ford Motor Company Aktiengesellschaft gegründet, die das erste in Deutschland montierte T-Modell verkaufte.

http://www.ford.de

Freixenet

■ 1861 gründete Francesco Sala i Ferrés in Sant Sadurní d'Anoia, Spanien, das erste Wein-Exporthaus, die Casa Sala. 1914 begann das Haus mit der Produktion von Cava, einem Schaumwein, nach einer traditionellen Methode mit Ursprung in der französischen Champagne.

Die Enkelin des Firmengründers ehelichte im gleichen Jahr Pere Ferrer i Bosch. Dieser entstammte einer Familie, die bereits seit dem 13. Jahrhundert in der nahen Alta-Penedès-Region ansässig war und deren Besitz „La Freixeneda" genannt wurde. Hiervon wurde der Markennamen Freixenet Casa Sala abgeleitet. Heute kommt Freixenet aus dem Hause Eckes.

http://www.freixenet.de

Frisbee

■ 1957 brachte die Wham-O Manufacturing Company Co. aus San Gabriel, Kalifornien, eine Plastikscheibe für Wurfspiele im Freien auf den Markt. Die Rechte daran kaufte das Unternehmen von einem Gebäudeinspektor aus Los Angeles mit Namen Fred Morriso. Ihren Namen erhielten die bunten Plastikscheiben von der Frisbee-Bäckerei aus Bridgeport, Connecticut, deren dünne Pie-Backformen aus Zinn ebenfalls für Wurfspiele geeignet waren. Ein Frisbee-Logo wurde allerdings nicht entwickelt.

http://www.wham-o.com

General Electric

General Electric

■ Die Geschichte von General Electric, kurz GE, beginnt mit dem Erfinder der Glühbirne, Thomas Alva Edison. Er gründete die Firma 1892 mit Sitz in Fairfield, Connecticut, USA. Von dort werden heute 250 Fabrikationsstätten in 26 Ländern geführt, die insgesamt rund 276 000 Mitarbeiter beschäftigen.

Die Geschäftstätigkeit von General Electric deckt heute praktisch den gesamten Markt für Elektronik ab. So produziert GE Haushaltsgeräte ebenso wie medizinische Geräte, Flugzeugtriebwerke und einfache Lampen.

Außerdem betreibt GE den US-amerikanischen Fernsehsender National Broadcasting Corporation (NBC) und bietet Finanzdienstleistungen an. Die einzelnen Unternehmensbereiche haben sich als führende Anbieter in ihren jeweiligen Märkten etabliert.

■ ■ ■ ■ ■ ■ ■ ■ ■ **http://www.general-electric.de**

Gillette

The Gillette Company

Verärgert über sein stumpfes Rasiermesser kam dem Handlungsreisenden King C. Gillette im Jahr 1895 bei der morgendlichen Rasur die erste Idee für einen Rasierapparat mit auswechselbarer Klinge, der zudem mehr Sicherheit gewährleisten sollte als das übliche Rasiermesser.

1901 gründete er in Boston, Massachusetts, USA, in einem kleinen Haus über einem Fischladen die Gillette Company und produzierte dort ab 1903 den von ihm entwickelten, patentierten Rasierapparat und die dazugehörigen Klingen. Zwei Jahre später zog das Unternehmen in ein neues Fabrikgebäude um und verkaufte bereits 90 000 Rasierapparate und 12 Millionen Klingen.

1954 erweiterte Gillette seine Produktpalette durch den Erwerb des Schreibgeräteherstellers Paper Mate.

Als 1967 die Braun GmbH zu Gillette kam, wurde damit

einer der führenden Hersteller von Trockenrasierern gewonnen. In den 80er- und 90er-Jahren erwarb Gillette verschiedene führende Hersteller für Mundpflegegeräte (Oral-B-Zahnbürsten), Schreibgeräte (Parker) und Batterien (Duracell).

Heute ist Gillette weltweit Marktführer in den Bereichen Herren-Körperpflegemittel und Schreibgeräte. Mit Duracell gehört auch der führende Anbieter von Hochleistungsbatterien zum Unternehmen. Die Produkte werden heute in 60 Fabriken hergestellt und in über 200 Ländern vertrieben.

http://www.gillette.de

Godiva

GODIVA
chocolatier

Vor mehr als 75 Jahren gründete Joseph Draps in Brüssel eine Schokoladenfabrik. 1926 erhielt sie den

Namen Godiva, der auf folgende britische Legende aus dem Jahr 1040 zurückgeht: Die Bewohner von Coventry litten in dieser Zeit sehr unter den von ihrem Lehnsherrn Leofric dem Dänen erhobenen Steuern. Leofric war mit Lady Godiva, einer wunderschönen Angelsächsin, verheiratet. Sie hatte Mitleid mit ihren Landsleuten und versuchte, Leofric zur Senkung der Steuern zu bewegen. Um zu beweisen, dass ihre Landsleute ehrbare Leute waren, ritt sie unbekleidet durch die Stadt. Wenn die Bewohner in ihren Häusern blieben und sie nicht ansähen, so die Abmachung mit Leofric, sollte dieser die Steuerlast mindern. Die Bewohner Coventrys blieben tatsächlich in ihren Häusern, und Leofric hielt Wort. Heute ist Godiva einer der weltweit führenden Hersteller von belgischen Pralinen.

http://www.godiva.com

Görtz

1875 eröffnete Johann Ludwig Görtz ein Herrenschuhfachgeschäft in Hamburg, wo er bereits einen Kartoffelhandel und eine Reparaturwerkstatt betrieb.

1938 eröffnete sein Enkel Gerd Görtz einige Straßen weiter die erste Filiale.
Den Zweiten Weltkrieg überstand nur dieses zweite Ladenlokal, und so wurde dieses nach Kriegsende zum neuen Stammhaus. Ab 1962 begann das Unternehmen mit der Filialisierung über Hamburgs Grenzen hinaus. Zum 100-jährigen Jubiläum existierten bereits 32 Filialen in neun deutschen Städten.

GÖRTZ

ALLES GEHT MIT GÖRTZ

Seit 1980 ist Görtz auch international vertreten und gehört in Europa zu den Marktführern. Im Jahr 1999 wurde das Unternehmen für seine umweltbewusste Firmenstrategie – Görtz kauft nur Schuhe ein, deren Materialien umfangreiche Schadstoffprüfungen bestanden haben, und setzt im Ladenbau auf Naturprodukte – mit dem ASU-Umweltpreis ausgezeichnet.

http://www.goertz.de

Greyhound

■ 1914 bot der schwedische Minenarbeiter Carl Wickmann einen Pendelverkehr für Minenarbeiter zwischen Hibbing und Alice in Minnesota an. Dieser Service wurde dankbar angenommen, und bereits ein Jahr später war die Nachfrage nach weiteren Routen groß.
So entstand Amerikas erster Fernbusverkehr von Hibbing nach Duluth, Minnesota, über eine Entfernung von mehr als 90 Meilen.
Wickmann ließ seine Fahrzeuge grau lackieren, damit sie nach den staubigen Fahrten nicht zu verschmutzt aussahen. Eines Tages soll der Besitzer einer Pension zu ihm gesagt haben, die Busse sähen aus, „just like greyhound dogs streaking by". Wickmann übernahm diesen Vergleich und entwickelte den Slogan „Ride the greyhounds".

http://www.greyhound.de

Gutfried

Der Markenname Gutfried leitet sich ab vom Gut Friedrichsruh in Steinhagen (Westfalen), das 1932, acht Jahre nach Gründung der Fleischwarenfabrik Heinrich Nölke & Co. in Versmold, von Nölke erworben wurde. Zur Unterscheidung von anderen Wurstwaren erhielt die Wurst der Marke Gutfried einen orangefarbenen Darm. 1968 führte Nölke Geflügelwurst in Deutschland ein. Der bekannte Slogan „Gutfried ist gut für mich" wurde Ende der 80er-Jahre entwickelt und hat die Marke seither begleitet. Der Name Gutfried gilt heute als Dachmarke für moderne Ernährung mit Produkten aus Truthahnfleisch.

http://www.gutfried.de

Hakle

Hakle®

Ende des 19. Jahrhunderts kam das erste „Closet Papier“ in den Handel. Es bestand aus dünnen braunen Einzelblättern, die nach Gewicht berechnet wurden.
1928 gründete Hans Klenk in Ludwigsburg ein Unternehmen zur Herstellung von Toilettenpapier und nannte es Hakle, eine Wortschöpfung aus den ersten Buchstaben seines Vor- und Nachnamens.
Sein Konzept bestand darin, Toilettenpapierrollen mit garantierter Blattzahl herzustellen. Eine Perforierung erleichterte die Handhabung. Zunächst gab es natürlich nur das heute nicht mehr so beliebte Kreppapier, aber schon 1958 produzierte Hakle Toilettenpapier aus weichem Tissuepapier, das sich auch einfärben ließ.
Einer der ersten Werbeslogans für das Tabuprodukt WC-Papier lautete: „Verlangen Sie eine Rolle Hakle, dann brauchen Sie nicht Toilettenpapier zu sagen!“

http://www.hakle.de

Hapag-Lloyd

Hapag-Lloyd

■ Die Hapag-Lloyd AG entstand 1970 durch die Fusion der beiden Reedereien Hamburg Amerikanische Packetfahrt Aktien Gesellschaft (Hapag) und Norddeutscher Lloyd (NDL). Beide Unternehmen konnten zu diesem Zeitpunkt bereits auf eine mehr als 120-jährige Tradition zurückblicken. Die Hapag wurde 1847 gegründet und startete ein Jahr später mit einem Segelschiff den Nordatlantikdienst. Zehn Jahre später nahm der NDL seine Unternehmenstätigkeit mit einem Dampfschiff auf und war somit unabhängig vom Wind und dadurch zuverlässiger als sein Konkurrent. Diesen Vorteil konnte die Hapag 1889 für sich gewinnen, nachdem Albert Ballin die Passageabteilung übernommen und vier Doppelschrauben-Schnelldampfer in Dienst gestellt hatte.

Zwei Jahre später entdeckte er in Kreuzfahrten eine weitere Marktlücke. Zeitgleich eröffneten die beiden

Konkurrenten Hapag und NDL 1905 die ersten Reisebüros in Berlin. Das Geschäft lief gut, und Hapag stieg sogar in den Luftschiffbau ein. Vor Ausbruch des Ersten Weltkrieges besaß die Hapag 175 und der NDL 135 Seeschiffe, und damit waren sie die größten Reedereien der Welt. Doch der Krieg führte zum Verlust der gesamten Flotte beider Unternehmen.

Schon 1923 konnte Hapag jedoch ihren Schiffsbetrieb wieder aufnehmen und besaß nur drei Jahre später 118 moderne Seeschiffe. Der NDL blieb zwar weiterhin der größte Konkurrent der Hapag, konnte jedoch nach der Zerstörung seiner Flotte und seines Standortes in Bremen nie wieder seine frühere Bedeutung zurückgewinnen.
Auch im Zweiten Weltkrieg verloren beide Unternehmen ihre gesamte Flotte. Erst 1954 konnten beide Reedereien den Betrieb wieder aufnehmen, wobei sich Hapag nun auf den Frachtdienst und NDL auf den Passagierliniendienst konzentrierte. Am 1.9.1970 erfolgte dann die Fusion der beiden Unternehmen zum Hapag-Lloyd-Konzern, zu dem heute Reiseveranstalter wie zum Beispiel TUI oder die Fluggesellschaft Hapag-Lloyd Flug GmbH gehören.

http://www.hapag-lloyd.de

Haribo

HARIBO

Die Firma HARIBO, deren Name für „Hans Riegel aus Bonn" steht, wurde 1920 gegründet und ins Handelsregister eingetragen. Zunächst produzierte man nur Bonbons, doch 1922 hatte Hans Riegel die zündende Idee: Er stellte „Tanzbären" aus einer gummiartigen Masse her, die Vorläufer der heutigen Goldbären. Die Tagesproduktion von einem Zentner handgegossener Tanzbären fuhr Gertrud Riegel anfangs mit dem Betriebsfahrrad aus. Doch durch den großen Erfolg wuchs die Produktion rasch, so dass 1923 ein Auto für die Auslieferung angeschafft wurde. 1925 wurde die Produktpalette um Lakritzprodukte erweitert und 1930 der Slogan „HARIBO macht Kinder froh" entwickelt. Erst in den 60er-Jahren erweiterte man den Spruch um den Zusatz „... und Erwachsene ebenso". Heute stellt Haribo täglich 70 Millionen Gummibärchen her.

http://www.haribo.de

Heinz

Henry John Heinz wurde 1844 in Pittsburgh geboren und zeigte schon als Kind ein Talent für Geschäfte: Mit 12 Jahren begann er, die Erträge des Familiengartens zu verkaufen. 1869 gründete er mit seinem Freund L. Clarence Noble die Firma Heinz & Noble. Ihr erstes Produkt war der geriebene Meerrettich von Heinz' Mutter, der im Glas angeboten wurde. Das Geschäft verlief erfolgreich, bis 1875 ein Überangebot an Rohware und der damit verbundene Preisverfall zum Konkurs führte. Heinz gab jedoch nicht auf und investierte weiter.

1876 hatte sich das Geschäft wieder konsolidiert, und es kamen neue Produkte hinzu: Ketchup, Selleriesoße, eingelegte Gurken, Sauerkraut und Essig. Zwanzig Jahre später umfasste die Produktpalette von Heinz bereits über 60 Produkte, im Jahr 1900 schon über 200 Produkte, die weltweit vertrieben wurden.

http://www.heinz.com

Henkell Trocken

Wie viele Winzer im 19. Jahrhundert versuchte auch Adam Henkell mit Hilfe einer zweiten Gärung aus Wein Sekt herzustellen. Im Unterschied zu den meisten anderen hatte er dabei Erfolg und gründete daraufhin mit einem Freund in Mainz die Firma Henkell & Cie. Von 1856 an ließ Adam Henkell unter seinem Namen Sekt produzieren, der jedoch je nach Hersteller sowohl im Geschmack als auch im Aussehen des Etiketts oder der Flasche unterschiedlich sein konnte. Der Durchbruch gelang erst Otto Henkell, dem Enkel des Unternehmensgründers, mit seiner Idee, einen immer gleichen Sekt mit gleicher Aufmachung herzustellen. Dazu ließ er in Wiesbaden eine große Produktionsanlage bauen.

Dieser neue Sekt wurde mit der ersten aufwändigen Sektwerbung so populär gemacht, dass 1906 bereits drei Millionen Flaschen verkauft wurden. Damit hatte Otto Henkell den ersten Markensekt geschaffen. Bis heute ist „Henkell Trocken“ marktführende Sektmarke und auch im Ausland beliebtester deutscher Sekt.

http://www.henkell-trocken.de

Hershey's

HERSHEY'S®

1857 wurde Milton S. Hershey in Derry Church, Pennsylvania, geboren. Aufgrund mennonitischer Tradition seiner Familie besuchte er die Schule nur bis zur vierten Klasse und begann dann eine Lehre bei einem Drucker. Da ihm dieser Beruf nicht lag, begann er eine zweite Lehre, diesmal bei einem Bonbonhersteller in Lancaster. Mit 18 Jahren eröffnete er sein erstes eigenes Bonbon-Geschäft in Philadelphia, das jedoch nach sechs Jahren scheiterte. Durch eine Anstellung bei einem Karamellproduzenten in Denver, Colorado, lernte er die Feinheiten der Karamellherstellung kennen. In den folgenden Jahren wechselte er häufig den Wohnort und versuchte immer wieder, ein neues Geschäft zu eröffnen. 1886 kehrte er nach Lancaster zurück und gründete dort die Lancaster Caramel Company.

Auf der Internationalen Weltausstellung in Chicago 1893 war er von Maschinen für die Herstellung von Schokolade, die aus Deutschland stammten, fasziniert. Er kaufte sie und produzierte die Schokolade für seine Schokoladenkaramellen nun selbst.

1894 entstand daraus sein zweites Unternehmen, die Hershey Chocolate Company. Neben Schokoladenüberzügen für Bonbons stellte sie Frühstückskakao, süße Schokolade und Backschokolade her.

Im Jahr 1900 verkaufte Hershey die Karamellproduktion und konzentrierte sich ausschließlich auf die Schokoladenherstellung.

http://www.hersheys.com

Herta

■ Seit dem Jahr 1897 verkaufte der Metzgermeister Ludwig Schweisfurth in Herten (Westfalen) frisches Fleisch und Wurstwaren. Besonders die kesselfrische Fleischwurst war so beliebt, dass er sich beim 50. Firmenjubiläum dazu entschloss, einen Markennamen für die Produkte zu entwickeln. In Anlehnung an den Namen des Firmenstandorts Herten wählte man den Namen Herta und suchte aus 2000 Trägerinnen dieses Namens, die sich beworben hatten, eine Patin aus, die als Stimme der Verbraucher im Unternehmen tätig war und mit der sich der Verbraucher identifizieren sollte. Anfang der 60er-Jahre expandierte das Unternehmen ins europäische Ausland; es produziert heute in acht europäischen Werken Produkte aus Fleisch.

http://www.herta.de

HiPP

1897 heirateten Joseph Hipp und die Pfaffenhoferin Maria Ostmair. Nach der Geburt ihrer ersten Tochter 1898 folgten im Jahr 1899 Zwillinge. Da diese nicht mit Muttermilch ernährt werden konnten, wurden sie mit einem Brei ernährt, den Josef Hipp, der als Konditor ein eigenes Geschäft und ein Café besaß, erfunden hatte: Er backte Zwieback und stellte daraus Zwiebackmehl her, mischte dieses mit Milch, und ein nahrhafter, sättigender Brei entstand.

Die Zwillinge überlebten und gediehen ebenso wie ihre fünf nachfolgenden Geschwister. Die Familie bot das Zwiebackmehl mit großem Erfolg im eigenen Laden an und vertrieb es später auch direkt im Haustürverkauf. Als der Familienbetrieb die Nachfrage nicht mehr befriedigen konnte, gründete der Sohn Georg Hipp 1932 ein eigenes Unternehmen für die Zwiebackproduktion.

1957/58 erweiterte er die Produktpalette um fertige Babykost, angeboten zunächst in Dosen, nur wenig später jedoch in hygienischeren Glasverpackungen. Das Angebot an Hipp-Produkten wurde seitdem stetig ausgebaut. Dabei setzte Georg Hipp von Anfang an auf organisch-biologischen Landbau, eine Idee des Schweizers Dr. Hans Müller. Wurden die landwirtschaftlichen Ausgangsprodukte für die Hipp-Produkte zunächst ausschließlich auf dem familieneigenen Biohof erzeugt, so warben Georg Hipp und von 1967 seine drei Söhne Claus, Georg und Paulus bei anderen Landwirten für diese Produktionsform.

Heute verfügt Hipp über ein ganzes Netz von Bio-Vertragslandwirten, die Obst und Gemüse auf naturbelassenen Böden, ohne Einsatz von Chemie, erzeugen. Dadurch ist Hipp der größte Verarbeiter organisch-biologischer Rohstoffe weltweit.

http://www.hipp.de

H.I.S.

■ 1923 fertigte Henry I. Siegel in Bruceton, Tennessee, eine Hose, die als Arbeitskleidung den Ansprüchen des rauen Alltags im Südosten der USA gewachsen sein musste: die erste H.I.S.-Jeans. Die Originaljeans aus Tennessee-Baumwolle eroberte die USA und ist heute eine der bekanntesten und beliebtesten Jeansmarken.

http://www.his-jeans.de

Holmenkol

■ Als 1922 in Ditzingen die Vereinigte Wachswarenfabriken AG gegründet wurde, umfasste die Produktpalette Skiwachse, Schuhcremes, Lederfette, Fußbodenbeizen und Haushaltskerzen. Letztere waren jedoch der bedeutendste Produktionszweig. Schon damals wurde ein Skiwachs mit dem Namen Holmenkol Mix produziert – benannt nach der berühmten Wintersportstätte Holmenkol in Norwegen. Mit Kriegsbeginn 1938 musste die Produktion wegen mangelnder Rohstofflieferungen zwangsläufig zurückgefahren werden, und man konzentrierte sich auf die Herstellung von Kerzen, da die Nachfrage danach in dieser Zeit stark anstieg.

HOLMENKOL®

Nach dem Krieg holte die Firma die Rückschläge schnell wieder auf und beschäftigte 1952 bereits 100 Mitarbeiter. Mitte der 50er-Jahre wurde die stetig anwachsende Firma neu organisiert und in drei Geschäftsbereiche aufgeteilt. Seitdem heißt die Abteilung, die für die Skiwachsherstellung zuständig ist, Holmenkol. Heute umfasst die Produktpalette von Holmenkol neben den klassischen Produkten auch Sportnahrung, Sportkosmetik und Sportausrüstung.

http://www.holmenkol.de

Holsten-Brauerei AG

Die Holsten, ein germanischer Stamm, bewohnten einst die Mitte von Holstein, also den südlichen Teil des heutigen Schleswig-Holsteins. Im 12. Jahrhundert galten sie als freiheitsliebend, starrköpfig und sehr gastfreundlich. Vielleicht hatten die Gründer der Brauerei die letztgenannte Eigenschaft im Sinn, als sie das Unternehmen 1879 nach diesem Volksstamm benannten. Das Firmenemblem der Brauerei mit dem Holstenritter leitet sich wahrscheinlich vom Wappen des Ritters Johann III. von Holstein ab, das ebenfalls einen Ritter auf einem galoppierenden Pferd zeigt. Die Holsten-Brauerei umfasst heute mehrere Brauereien, und ihre Hauptmarke Holsten Pilsener wird heute in über 80 Länder exportiert.

http://www.holsten.de

Honda

1946 gründete Soichiro Honda das Honda Technical Research Institute in Japan. Ein Jahr später stellte er das erste Produkt, einen Fahrradmotor, vor. Dieser wurde in den darauf folgenden zwei Jahren verbessert, und so entstand 1949 das erste Motorrad von Honda.

Erst 1960 begann allerdings die Massenproduktion von Motorrädern in Suzuka, Japan. Gleichzeitig eröffnete Honda die ersten Auslandsniederlassungen in Hamburg und Los Angeles. Im Jahr 1963 stellte das Unternehmen sein erstes Auto vor. Es war der Sportwagen S 500, der in Deutschland erstmals während einer Schifffahrt auf dem Rhein präsentiert wurde. Die erfolgreiche Serie Honda Civic brachte das Unternehmen 1972 auf den Markt. Seitdem hat Honda immer wieder technische Innovationen präsentieren können, wie zum

Beispiel 1981 das erste eingebaute Navigationssystem oder ein Solarauto, das bei der World Solar Challenge 1993 den ersten Platz belegte. Seit 1996 baut das Unternehmen auch Elektroautos, die mittlerweile sogar in Serie produziert werden. Eine spektakuläre Errungenschaft außerhalb des Automobilbereiches gelang Honda 1997 mit dem Roboter P2. Er ist dem menschlichen Körper nachempfunden und in der Lage, eigenständig auf zwei Beinen zu gehen. Die 210 Kilogramm schwere und 180 Zentimeter hohe Maschine kann dabei den Laufstil der Bodenbeschaffenheit anpassen.
Das Unternehmen Honda beschäftigt in 2003 über 125 000 Mitarbeiter in 31 Ländern. Die 109 Produktionsstätten produzieren heute rund 11,5 Millionen Motoren. Honda ist somit der größte Motorenhersteller der Welt.

■ ■ ■ ■ ■ ■ ■ ■ ■ ■ ■ ■ ■ ■ **http://www.honda.de**

H&M

■ 1947 besuchte der Verkäufer Erling Persson aus Västerås, Schweden, die USA. Schnell wurde sein Interesse von einem neuen Bekleidungsgeschäft geweckt, das sich durch Umschlagsgeschwindigkeit und niedrige Preise auszeichnete. Kaum zurückgekehrt, eröffnete er sein erstes entsprechendes Geschäft in Schweden. Da er nur Damenbekleidung anbot, nannte er sein Geschäft „Ihrs“, was auf Schwedisch „Hennes“ heißt. Während der 50er- und 60er-Jahre expandierte das Unternehmen. 1968 sollte die Expansion auch in Stockholm vorangetrieben werden.

Daher kaufte Persson günstig gelegene Spezialgeschäfte für Jagdausstattungen von Mauritz Widforss, zu deren Bestand auch Herrenbekleidung gehörte. Das Unternehmen hieß fortan Hennes & Mauritz.

http://www.h-und-m.de

IBM

■ 1890 suchte man in den USA eine neue Methode, um den gewaltigen Immigrationsanstrom statistisch erfassen zu können, da die traditionellen Zählungen zu langsam und zu unflexibel waren. Der deutsche Immigrant Herman Hollerith lieferte hierfür die erste Lochkartenrechenmaschine. Er gründete 1896 die Tabulating Machine Co. Dieses Unternehmen vereinigte Charles R. Flint 1911 mit der Computingscale Co. und der International Time Recording zur Computing Tabulating Recording Co. (CTR). Die Produktpalette reichte nun von einfachen Rechenschiebern über die neuen Lochkartensysteme bis hin zu Käse- und Fleischschneidemaschinen und war damit nur schwer zu überblicken. 1914 trat daher Thomas J. Watson, ehemaliger Vizemanager des größten Geldinstitutes der USA, als Manager in das Unternehmen ein. Unter seiner Führung wurde CTR zum international agierenden Unternehmen, das 1924 umbenannt wurde in International Business Machines, kurz IBM. Watson war auch einer der ersten Manager, der arbeitnehmerfreundliche Leistungen des Unternehmens einführte, wie zum Beispiel Lebensversicherungen, Urlaubsgeld, firmeninterne Sportmannschaften und Familienausflüge, um die Arbeitnehmerzufriedenheit zu erhöhen. Erst seit 1981, mit der Entwicklung eines Personal Computers (PC), ist IBM auch im privaten Computergeschäft tätig.

http://www.de.ibm.com

IKEA

Ingavar Kamprad wurde 1926 in Schweden geboren. Er wuchs auf dem Hof Elmtaryd in der Nähe des Dorfes

Agunnaryd auf und begann schon als Kind, Streichhölzer in der Nachbarschaft zu verkaufen. Bald fand er heraus, dass er die Streichhölzer in großen Mengen sehr billig in Stockholm kaufen konnte und somit seinen Gewinn optimieren konnte. Da sein kleines Geschäft erfolgreich war, erweiterte er sein Angebot und verkaufte auch Fisch, Christbaumschmuck, Samen und Kugelschreiber. 1943, mit 17 Jahren, meldete Ingavar Kamprad mit der Einwilligung seines Onkels und Vormunds sein Geschäft an.
Den Namen IKEA setzte er zusammen aus den Anfangsbuchstaben seines eigenen Namens und denen der Orte seiner Herkunft: Ingavar Kamprad Elmtaryd Agunnaryd. Bei seiner ersten Geschäftsreise nach Paris entdeckte Kamprad einen neuen Vertriebsweg für sein Unternehmen: Anstatt im Direktvertrieb von Haustür zu Haustür vertrieb er seine Waren nun im Versandhandel über einen Katalog. Transportiert wurden die Produkte zuerst mithilfe des Milchwagens der Gemeinde.
1950 wurden in diesen Katalog die ersten Möbelstücke aufgenommen, produziert von einheimischen Herstellern. Der Möbelverkauf war so erfolgreich, dass Kamprad darin die Chance erkannte, international tätig zu sein. Er gab alle anderen Produkte auf und konzentrierte sich ganz auf den Verkauf preisgünstiger Möbel, die sich durch Funktionalität, Formschönheit und ein geringes

Verpackungsvolumen auszeichneten. Seit den späten 50er-Jahren bietet IKEA seine Produkte auch in eigenen Einrichtungshäusern an und hat mittlerweile Filialen in ganz Europa, aber auch in Kuwait, Australien, Saudi-Arabien und der Volksrepublik China.

http://www.ikea.de

Intel

Der erste Computer wurde 1946 entwickelt und trug den Namen ENIAC. Er war 30 Tonnen schwer und füllte zwei bis drei Klassenzimmer. Bis 1968 gab es weltweit nur circa 30 000 Computer, die zum Großteil für militärische Zwecke, aber auch für die Auswertung von Wahlergebnissen genutzt wurden. Mini-Computer hatten immer noch die Größe eines amerikanischen Kühlschrankes und wurden mithilfe von Lochkarten programmiert, um einfache Kalkulationen durchzuführen.

Damals schon war Silicon Valley eine Hochburg für High-Tech-Entwicklung. Robert Noyce und Gordon Moore gründeten dort 1969 eine Firma für Speicherchips.

Da die Kombination ihrer beiden Nachnamen, Moore-Noyce, im Englischen ähnlich klingt wie „more noise", was so viel bedeutet wie „mehr Lärm", entschieden sie sich dafür, aus den beiden Begriffen „integrated electronics" den Firmennamen zu bilden: Intel. Als eine japanische Firma für Rechenmaschinen an das neu gegründete Unternehmen die Anfrage richtete, zwölf verschiedene Speicherchips zu produzieren, hatte Intel weder das Geld noch die Mitarbeiter, um diesen Auftrag zu erfüllen. Einer der Mitarbeiter entwickelte jedoch die Idee, stattdessen einen Chip zu konstruieren, der zwölf unterschiedliche Aufgaben durchführen konnte. Also nahm man den Auftrag an, und die japanische Firma unterstützte die Entwicklung des neuen Chips. Neun Monate später war die Entwicklung dieses ersten programmierbaren Chips abgeschlossen. Er war wenige Zentimeter groß, besaß 2300 Transistoren und verfügte über die Rechenleistung

des ENIAC. Leider besaß die japanische Firma die Rechte für diesen Chip, und Intel musste diese vor der Weiterentwicklung des Chips erst für 60 000 Dollar zurückkaufen. Die Investition rentierte sich jedoch, als die vielfältigen Einsatzmöglichkeiten dieses Chips erkannt wurden. Ampeln oder auch Kühlschränke konnten mit seiner Hilfe automatisch gesteuert werden.
Heute hat ein Pentium-Prozessor mehr als 5,5 Millionen Transistoren, und in immer kürzer werdenden Abständen verdoppeln sich die Leistungen.

http://www.intel.de

Jack Daniel's Tennessee Whiskey

In Lynchburg im US-Bundesstaat Tennessee brannte 1866 der 19-jährige Jack Daniel zum ersten Mal eigenen Whiskey. Das Besondere an „Mr. Jacks“-Herstellungsverfahren war das von ihm patentierte „Charcoal Mellowing“, ein Holzkohle-Filter-Verfahren, das bis heute Anwendung findet. Dabei sickert der frisch destillierte Whiskey durch eine dicke Holzkohleschicht, ein Prozess, der ihm sein besonderes Aroma verleiht. Seine Farbe erhält der nach der Destillation noch kristallklare Whiskey durch die anschließende Reifung in Eichenholzfässern.

http://www.jackdaniels.com

Jacobs

1895 eröffnete Johann Jacobs im Alter von 19 Jahren in Bremen ein „Specialgeschäft in Caffee, Thee, Cacao, Chocoladen und Biscuits“. 1907 nahm er die erste

eigene Kaffeerösterei in Betrieb. Sein spezielles Röstverfahren gab dem Kaffee ein besonderes Aroma und wurde schnell zum wichtigsten Erfolgsfaktor des Unternehmens. Der Erste Weltkrieg und die damit verbundene Rationierung und spätere Beschlagnahmung von Kaffee stoppte den weiteren Aufstieg des Unternehmens.
1923 musste die Geschäftstätigkeit aufgrund der Inflation ganz eingestellt werden, aber bereits vier Jahre später startete Jacobs mit der Firma Joh. Jacobs & Co. neu. Als 1930 sein Neffe Walther J. Jacobs in das Geschäft eintrat, begann die Entwicklung des Jacobs Markenkaffees. Noch im ersten Monat seiner Tätigkeit brachte Walther J. Jacobs fertig abgepackten Kaffee in besonders gestalteten Verpackungen auf den Markt. Mit diesem Schritt differenzierte sich Jacobs deutlich von dem bisher üblichen Verkauf von losem Kaffee ohne besondere Kennung. Jacobs Kaffee wurde demgegenüber mit dem Slogan „Täglich ganz frisch geröstet und sorgfältig verlesen" beworben und als „Jacobs Bremer Qualitätskaffee" gekennzeichnet. 1966 wurde Jacobs Krönung eingeführt und daraufhin auch bald zum Marktführer. Zu der Produktgruppe von Jacobs Krönung gehören heute zum Beispiel auch Krönung light, Krönung free und Krönung mild.

http://www.jacobs.de

Jever

1848 gründete Diedrich König das Brauhaus, aus dem später die Jever Brauerei werden sollte. Doch erst sein Nachfolger Theo Fetköter schaffte es Ende des 19. Jahrhunderts, aus der Kleinbrauerei eine große Braustätte zu machen. Dazu schaltete er erste Zeitungsanzeigen für sein Bier und verkaufte es abgefüllt in Flaschen, wodurch es sich von allen anderen Bieren abhob, die in den damals üblichen Krügen verkauft wurden. Mit großem Elan baute er die Brauerei immer weiter aus und legte 1894 auch die erste Wasserleitung für die Stadt und die Brauerei Jever.

Erst der Erste Weltkrieg setzte dem Aufschwung des Unternehmens ein Ende. Nach Kriegsende musste die

Brauerei in Jever daher an die Bavaria-St. Pauli-Brauerei in Hamburg verkauft werden. Heute ist Jever eine der größten und bekanntesten Brauereien in Deutschland und verfügt über eine der modernsten Abfüllanlagen weltweit.

http://www.jever.de

Johnnie Walker

Im Jahr 1805 wurde John Walker als Sohn eines auf Milchwirtschaft spezialisierten Landwirts in Schottland geboren. Als der Vater starb, verkaufte die Mutter den Hof und erwarb einen Gemischtwarenladen in der Stadt. Dort verkaufte sie unter anderem Tabak, Tee, Wein und Whisky. Später übernahm John das Geschäft und entwickelte verschiedene Whiskysorten, mit denen er das Sortiment erweiterte.

Doch erst seinem Sohn Alexander Walker gelang es, mit der rechteckigen Flasche als Markenzeichen internationale Bekanntheit zu erlangen. Er ließ seine verschiedenen Whiskysorten schützen und gewann mit ihnen Preise in der ganzen Welt. Seine Söhne führten Anfang des 20. Jahrhunderts die Marken Red Label und Black Label ein. Heute ist die Marke Johnnie Walker Red Label der weltweit am häufigsten getrunkene Whisky.

Ein besonderer Coup gelang dem Unternehmen 1999 mit der Präsentation des Computerspiels „Moorhuhnjagd", das von einem auf den anderen Tag kostenlos über das Internet verbreitet wurde und eine weltweite Spielhysterie auslöste.

http://www.johnniewalker.de

Kaffee HAG

■ Der Erfinder des Entcoffeinierungsprozesses von Kaffee, Ludwig Roselius, gründete 1906 in Bremen ein eigenes Unternehmen, um dieses neue Kaffeeprodukt, den entcoffeinierten Kaffee, zu vermarkten. Er nannte sein Unternehmen Kaffee Handels-Aktiengesellschaft und bildete aus den Anfangsbuchstaben des Firmennamens den Namen für das Produkt: Kaffee HAG.

■ ■ ■ ■ ■ ■ ■ ■ ■ ■ ■ ■ ■ ■ ■ ■ **http://www.hag.de**

Karstadt

■ 1881 eröffnete Rudolph Karstadt in Wismar ein „Manufactur-, Confections- und Tuchgeschäft". Wurden

Preise damals üblicherweise zwischen Käufer und Verkäufer frei ausgehandelt, so forderte Rudolph Karstadt Festpreise, die ausnahmslos bar bezahlt werden mussten. Dies ermöglichte eine genaue Kalkulation und damit auch bessere Einkaufskonditionen, was es ihm erlaubte, besonders günstige Verkaufspreise festzusetzen.

KARSTADT

1920 wandelte Rudolph Karstadt sein Unternehmen in eine Aktiengesellschaft um, die noch im gleichen Jahr mit der Firma Althoff fusionierte, einem Unternehmen, das gleiche Geschäftspolitik vertrat und mit Wollwaren handelte. Bereits 1929 besaß die Karstadt AG 89 Filialen. Die Weltwirtschaftskrise 1931 setzte dem Unternehmenswachstum erst einmal ein Ende. Nur mithilfe eines Konsortiums verschiedener Banken konnte die Krise überwunden werden. Die Karstadt AG expandierte wieder und besaß 1939 67 Filialen in ganz Deutschland. Davon blieben 1945, nach der Enteignung der Filialen in der sowjetischen Besatzungszone, noch 45 Filialen, die zumeist zerstört oder stark beschädigt waren. Doch mit

der Währungsreform und dem darauf folgenden Wirtschaftswunder begann der erneute Aufstieg.
Es folgten eine Reihe von Fusionen und Übernahmen, zu denen zum Beispiel auch der Erwerb des Stammkapitals der Hertie AG 1994 zählt.

http://www.karstadt.de

Katjes

1950 begann Klaus Fassin in Emmerich am Rhein mit der Produktion von Lakritzwaren. Damit folgte er einer Familientradition, denn schon sein Vater hatte Lakritz produziert. Klaus Fassins erstes Produkt hatte die Form einer kleinen Katze und war auf Anhieb äußerst erfolgreich. Fassin nannte dieses Produkt holländisch „Katjes“, was auf Deutsch „kleines Kätzchen“ bedeutet. Seitdem ist ein kleines Kätzchen Markenzeichen des Unternehmens und ist Katjes Bestandteil des Firmennamens.

http://www.katjes.de

Kellogg's

1875 nahm Dr. John Harvey Kellogg seine Arbeit im Western Health Reform Institute in Michigan, USA, auf. Fünf Jahre später trat sein Bruder Will Keith Kellogg als Geschäftsführer ebenfalls in das Sanatorium ein.

Zusammen suchten sie gezielt nach neuen Produkten auf Getreidebasis, um das Essen im Sanatorium schmackhafter zu machen und eine größere Auswahl anbieten zu können. 1894 blieb zufällig nach einer Versuchsreihe gekochter Weizen über Nacht stehen. Am nächsten Morgen war dieser so weich, dass die Brüder auf die Idee kamen, die Körner durch eine Walze zu drehen. Die so entstandenen Weizenflocken wurden getrocknet, leicht gesalzen und unter dem Namen „granose" fortan im Sanatorium serviert. Am 16.2.1906 gründete Will Keith Kellogg die Battle Creek Toasted Corn Flakes Company, um das Produkt vermarkten zu können. Bereits ein Jahr später produzierte das Unternehmen 4000 Packungen am Tag, was die Nachfrage jedoch nicht decken konnte. Diese Lieferengpässe machte man mit einer Anzeigenkampagne mit dem Titel „Bitte essen Sie dreißig Tage lang keine Corn Flakes" publik – und gewann damit wiederum neue Kunden. Die Produktion wurde weiter ausgebaut, und ab dem Jahr 1909 wurden 120 000 Packungen täglich produziert.

Mit ideenreichen Werbekampagnen erlangte man international einen hohen Bekanntheitsgrad. Der Verkürzung des Firmennamens zu Kellogg Company 1922 verbesserte zudem dessen Einprägsamkeit.

Von seinem Erfolg selbst überrascht, engagierte sich W. K. Kellogg großzügig für wohltätige Zwecke: 1930 gründete er die „W. K. Kellogg Foundation", die heute zu den drei größten Stiftungen der USA zählt. Insgesamt spendete W. K. Kellogg bis zu seinem Tod 1951 rund 66 Millionen Dollar seines Privatvermögens.

http://www.kelloggs.de

Klosterfrau Melissengeist

1775 wurde Maria Clementine Martin als Tochter eines in österreichischen Diensten stehenden Oberst in Brüssel geboren. In den Wirren der Französischen Revolution gab der Vater sie in die Obhut der Unbeschuhten Carmeliterinnen. Als angehende Klosterapothekerin lernte sie viele Geheimnisse der Klostermedizin kennen, unter anderem auch „die Kunst, das echte Carmeliter- und Melissenwasser zu verfertigen“. 1815 pflegte sie auf dem Schlachtfeld von Waterloo Verwundete beider Seiten unter Einsatz ihres Lebens. Der preußische König gewährte ihr daraufhin für ihren Mut eine Leibrente. Mit dieser finanziellen Sicherheit erfüllte sie sich ihren

Lebenstraum: 1826 gründete sie in Köln ein Unternehmen für die Herstellung von Melissengeist. Die „Klosterfrau", wie sie allgemein genannt war, wurde eine hoch angesehene Persönlichkeit, bekannt für Nächstenliebe und Mildtätigkeit.

http://www.klosterfrau.de

Knoppers

„Morgens um halb zehn in Deutschland" – dieser Werbespot hat Knoppers berühmt gemacht. Dabei ist der Name des Produktes ein reiner Kunstname. Wie viele andere bekannten Produkte, zum Beispiel Nimm2 (→ Nimm2) oder Merci (→ Merci), kommt es aus dem Hause Storck (→ Storck).

http://www.storck.de

Kodak

■ Im Jahr 1877 kaufte sich der Amerikaner George Eastman seine erste Fotoausrüstung. Da zu dieser Zeit auf Fotoplatten fotografiert wurde, musste der Fotograf neben der Kamera Chemikalien, ein Dunkelzelt und die Fotoplatten zu den Aufnahmen mitnehmen. Die Fotoplatten beschichtete er dann kurz vor der Aufnahme im Dunkelzelt. 1878 gelang es Eastman, eine Emulsion zu entwickeln, die das Beschichten der Platten überflüssig machte. Ein Jahr später meldete er seine Erfindung in England zum Patent an und gründete ein weiteres Jahr später in Rochester, USA, die Eastman Dry Plate Company. 1888 entschied sich Eastman für den Markennamen „Kodak", den er aus einer Vielzahl von Wortschöpfungen mit dem Anfangs- und Endbuchstaben „K",

seinem Lieblingsbuchstaben, ausgewählt hatte. Sein Auswahlkriterium: Der Name sollte in jeder Sprache gut klingen und leicht auszusprechen sein.
1892 geht der Markenname in den Firmennamen ein, der jetzt Eastman Kodak Company lautet. Unter dem Markennamen Kodak entwickelte das Unternehmen die Filmpatrone, die einen Filmwechsel auch bei Tageslicht ermöglichte, verschiedene Fotokameras, so auch jene Spezialkamera, die bei der ersten Mondlandung von den Astronauten eingesetzt wurde, die erste Foto-Entwicklungsmaschine, Filmkameras oder, 1990, die Foto-CD. Auch heute, bei der Entwicklung der Digitalkameras, ist Kodak bei der Entwicklung mit führend.

http://www.kodak.de

Kühne

Die Geschichte der Firma Kühne geht zurück auf eine Essigbrauerei, die Johann Daniel Epinius 1722 in Berlin gründete. 39 Jahre später verkaufte seine Witwe den Betrieb an Daniel Friedrich, dessen Tochter mit dem Seidenfabrikanten Friedrich Wilhelm Kühne verheiratet

war. Dieser Familienname wird zwei Generationen später neuer Firmenname.
Durch ein neues Schnell-Essig-Fabrikationsverfahren wird 1832 die industrielle Essigproduktion möglich. 1876 ernannte König Wilhelm I. Kühne zum Hoflieferanten.

1896 begann Kühne mit der Aufnahme der Senfproduktion, der später auch die Gurkenkonservierung folgte, seine Produktpalette zu diversifizieren.
Außerdem weitete Wilhelm Kühne ab 1905 das Geschäft überregional aus, indem er eine Niederlassung in Hamburg-Altona eröffnete. Es folgen Niederlassungen in ganz Deutschland.
Auch der bekannte Kräuteressig Surol stammt aus dieser Zeit. Der Name entstand aus dem Wort „Sauerkohl", eine der Zutaten der Produktion. Man strich jeden zweiten Buchstaben, und es entstand der Markenname

„Surol", einer der ersten in Deutschland überhaupt. Durch die Teilung Deutschlands nach dem Zweiten Weltkrieg ging die Hälfte der ohnehin stark beschädigten Betriebe verloren. Die Zentralverwaltung wurde nach Hamburg verlegt, von wo aus sie bis heute Zweigstellen in ganz Deutschland, Frankreich und der Türkei verwaltet. 1996 übernahm mit Axel Preuss-Kühne die siebte Generation der Familie Kühne die Verantwortung und feierte 1997 den 275. Geburtstag des Unternehmens.

http://www.kuehne.de

Kytta

Anfang des 20. Jahrhunderts experimentierte der Apotheker Willy Thomas Sauter zusammen mit seiner

Frau in seiner Klosterapotheke zu Alpirsbach mit Pflanzen der Umgebung, um deren natürliche Wirkstoffe für die alltägliche Medizin nutzbar zu machen. Sie entwickelten eine hochwirksame Salbe zur Behandlung von Verstauchungen, Prellungen oder Rheuma, die unter dem Namen Glytta vermarktet werden sollte.

Doch stellte sich heraus, dass ein anderes Unternehmen bereits einen ähnlich klingenden Namen als Warenzeichen hatte eintragen lassen: Kytta. Da also eine Eintragung des Namens Glytta nicht möglich schien, kaufte Willy Sauter 1929 die Marke Kytta auf. Mit der Gründung der Kytta-Werke 1931 begann er die erfolgreiche Produktion von Naturheilprodukten. Seit 1997 gehört die Marke zu Merck.

http://www.kytta.de

Lacoste

1927 entwickelte der Weltklassetennisspieler René Lacoste das berühmte Baumwollpiqué-Polohemd. Es war leicht und bequem und somit eigentlich ideal zum Tennis-

spielen, dennoch fand es auf dem Center Court anfänglich wenig Anklang, da es als großer Verstoß gegen die Kleiderordnung gesehen wurde. Denn in den 20er-Jahren waren lange Hosen und langärmelige Hemden die übliche Bekleidung für Herren im Tennissport.
René Lacoste kämpfte „zäh und verbissen wie ein Krokodil" um die Anerkennung seiner neuen Sportkleidung. Zu einer Preisverleihung erschien er demonstrativ mit der Applikation eines Krokodils auf der Brusttasche seines Sakkos.

Das Markenzeichen war damit geboren. 1933 gründete René Lacoste sein eigenes Unternehmen und produzierte Sporthemden. Heute ist das Unternehmen weltweit mit Bekleidung, Schuhen und Accessoires vertreten.

http://www.lacoste.de

Langenscheidt

Langenscheidt

„Es ist ein wahrhaft peinliches Gefühl, unter Menschen nicht Mensch sein und seine Gedanken nicht austauschen zu können." Vor dem Hintergrund dieser Reiseerfahrung entwickelte der Berliner Kaufmann Gustav Langenscheidt 1856 Lehrmittel für das selbstständige Erlernen einer Fremdsprache. 1884 kamen die ersten „Notwörterbücher für Reise, Lektüre und Konversation" heraus, die es anfangs nur für Englisch und Französisch gab. Aber schon zu Beginn des 20. Jahrhunderts weitete Langenscheidt das Programm auf alle wichtigen Sprachen Europas aus. Die Wörterbücher wurden immer umfangreicher und genauer. Wurden die Bücher bis in die 50er-Jahre in Leinen gebunden und mit Jugendstilmotiven verziert, so existiert seit 1953 der robuste gelbe Plastikeinband, der alle Versionen der Wörterbücher vom „Mini" mit 8000 Stichwörtern bis hin zum „Großen Muret Sanders" mit 560 000 Stichwörtern kennzeichnet.

http://www.langenscheidt.de

Leerdammer

IN LACUNIS DELECTATIO

LEERDAMMER®

So viel „mm!“ ist nur in Leerdammer®.

Mitte der 70er-Jahre brachte der holländische Käseproduzent Baars einen ganz neuen Käse auf den Markt: den Leerdammer. Bis dahin waren Gouda und Edamer der Inbegriff holländischen Käses. Die Idee hinter dem neuen Produkt war daher, einen Käse mit mildem Goudageschmack und der attraktiven Optik eines Emmentalers zu entwickeln. Weil Käsesorten in Holland traditionell nach ihren Ursprungsgegenden oder -orten benannt werden, wurde dieser neue Hartkäse nach der Stadt benannt, in der sich der Hauptsitz des Unternehmens befindet: Leerdam.

http://www.leerdammer.de

LEGO

1932 gründete der Meistertischler Ole Kirk Chistiansen in Billund, Dänemark, eine Firma zur Produktion von Leitern, Bügelbrettern und Holzspielzeug. Zwei Jahre später erhielt das Unternehmen den Namen LEGO, ein Akronym der dänischen Worte „leg godt“, die so viel bedeuten wie „spiele gut“. 1947 setzte LEGO als erstes dänisches Unternehmen eine Maschine für die Produktion von Plastikspielzeug ein. Zwei Jahre später wurden die ersten Vorläufer der heutigen Legosteine gefertigt. 1954 schließlich wurde der Name des Unternehmens und der Produkte in Dänemark geschützt. In Hohenweststedt eröffnete 1956 die erste Auslandsproduktionsstätte.

http://www.lego.de

Leibniz Butterkeks

1892 wurde der Leibniz Cake von Hermann Bahlsen auf dem deutschen Lebensmittelmarkt eingeführt. Damals hieß er noch „Cake", weil die industrielle Plätzchenproduktion von England aus ihren Siegeszug in der Welt antrat. Und auch der erste Firmenname spiegelte dies wider: „Fabrikgeschäft Englisch Cakes und Biscuits" wird die Fabrik in Hannover zunächst genannt. Erst 1911 wagt es Hermann Bahlsen, das Wort „Cake" in „Keks" einzudeutschen. Zum Schutz des Produktes erhielt der Butterkeks den Zusatz Leibniz nach Gottfried Wilhelm Leibniz. Der Philosoph, Mathematiker, Schriftsteller und Sprachforscher war auch Erfinder und entwickelte das erste haltbare Brot, den Zwieback.

http://www.bahlsen.de

Lipton

Thomas Johnston Lipton ging schon früh von der Schule ab, um im elterlichen Lebensmittelladen in Glasgow zu arbeiten. Mit 10 Jahren nahm er seine erste bezahlte Stelle an, mit 15 Jahren wanderte er nach Amerika aus und ließ sich zunächst in New York nieder. Nach einem Abstecher in den Süden des Landes kehrte er hierhin zurück und fand Arbeit in einem Lebensmittelgeschäft.

1869 kehrte er in seine Heimat zurück, mit der festen Absicht, ein eigenes Geschäft zu eröffnen und dort die Verkaufs- und Werbemethoden, die er in Amerika kennen gelernt hatte, anzuwenden. Bereits fünf Jahre nach Eröffnung dieses ersten Lebensmittelladens besaß er 20 Filialen, und das Unternehmen wuchs weiter.

1890 beschloss Thomas J. Lipton, Tee zu akzeptablen Preisen und mit garantierter Qualität anzubieten. Bisher war Tee ziemlich teuer und nur der oberen Schicht vorbehalten gewesen.
Lipton erwarb Teeplantagen in Indien, und es gelang ihm, Verpackung und Transport zu niedrigen Kosten abzuwickeln. Lipton-Tees waren ein Erfolg in Großbritannien. Sie wurden schon damals in einem gelben Paket mit rotem Lipton-Logo verkauft. Heute ist Lipton ein weltweit tätiges Unternehmen.

http://www.lipton.com

Lodenfrey

LODENFREY

Der Stoff Loden wurde 1842 in Tirol von dem Tuchmacher Johann Georg Frey mitentwickelt. Wegen seiner Strapazierfähigkeit und wasserabweisenden

Eigenschaften war das Material bei den Bergbauern schnell sehr beliebt, und so konnte Frey kurze Zeit später eine eigene Weberei eröffnen. Der Name dieses Unternehmens war eine einfache Kombination aus der Stoffbezeichnung und seinem Familiennamen: Lodenfrey. Bereits zehn Jahre später arbeiteten mehr als 100 Arbeiter in der kleinen Fabrik in München.

Auf der Weltausstellung 1854 in Paris wurde Johann Georg Frey für seine Weltneuheit, den wasserabweisenden Lodenstoff, mit der Goldmedaille ausgezeichnet. 1878 erfand sein Sohn Johann Baptist Frey den so genannten Strichloden, der noch besseren Schutz vor Wasser bieten konnte. Im Gegensatz zum normalen Loden ist Strichloden aufgeraut und besitzt eine langhaarige, in eine Richtung gelegte Flordecke, wodurch die wasserabweisende Qualität verstärkt wird. Jetzt wurde das Material auch erstmals zu Mänteln verarbeitet, die nicht nur zweckdienlich, sondern auch modisch waren.

1948, nachdem das Unternehmen sowohl die Wirtschaftskrise als auch beide Weltkriege überstanden hatte, wurde eine Tochtergesellschaft in den USA und kurze Zeit später auch eine in Frankreich gegründet. Heute ist der Stoff Loden weltweit bekannt und von internationalen Modeschöpfern anerkannt.

http://www.lodenfrey.de

L'Oreal

1930 gründete André Tondu im Auftrag des französischen Firmengründers Eugéne Schueller in Berlin die Haarfarben und Parfümerien GmbH und produzierte dort erste Haarfärbemittel für den deutschen Friseurmarkt. Im Krieg wurde das Werk jedoch zerstört, und so wurde 1945 in Karlsruhe eine neue Fabrik gebaut. In den darauf folgenden 50er- und 60er-Jahren konnte das Unternehmen mit dem ersten Sonnenschutzprodukt Ambre Solaire und dem Shampoo Traital drei große Erfolge feiern. Später kamen viele weitere Produkte hinzu, die den Umsatz zwischen 1960 und 1972 verzehnfachten. Heute ist L'Oreal mit rund 13 Milliarden Euro Umsatz weltweit führend in seiner Branche.

http://www.loreal.de

Lufthansa AG

Am 6.1.1926 wurde die Deutsche Luft Hansa AG als Zusammenschluss der Junkers Luftverkehr AG mit der Deutschen Aero Lloyd AG ins Leben gerufen. Als Signet wählte das neu gegründete Unternehmen einen stilisierten aufsteigenden Kranich, der symbolisch sowohl für das Fliegen als auch für Ästhetik stehen sollte. Der Linienflugverkehr begann am 6.4.1926 mit 162 Flugzeugen 18 verschiedener Bauarten.

Am 1.5.1926 wagte die Lufthansa den ersten Nacht-Passagierlinienflug der Geschichte. In den darauf folgenden Jahren beteiligte sich die Lufthansa an der Gründung der spanischen Fluggesellschaft Iberia und der der brasilianischen Syndicato Condor.

Nach dem Zweiten Weltkrieg musste die Lufthansa den Betrieb einstellen. Erst 1953 entstand in Köln die Aktiengesellschaft für Luftverkehrsbedarf, die 1954 den Traditionsnamen Deutsche Lufthansa Aktiengesellschaft

übernehmen konnte. Am 1.4.1955 wurde dann der Linienverkehr wieder aufgenommen.
Die ersten Düsenflugzeuge wurden ab 1960 eingesetzt, und die letzte Propellermaschine der Lufthansa wurde 1971 aus dem Flugbetrieb genommen. Mit der Wiedervereinigung Deutschlands gewann die Lufthansa 1990 ein wichtiges Flugziel zurück: Berlin.

http://www.lufthansa.de

Märklin

märklin

Schon die erste deutsche Lokomotive, der „Adler", der am 7.12.1835 auf der Strecke Nürnberg–Fürth die Ära der Eisenbahn in Deutschland einleitete, wurde kurze Zeit später als Miniaturmodell verkauft. Die erste Systemeisenbahn wurde jedoch erst 1891 von der württembergischen Spielwarenfabrik Märklin auf der Leipziger Messe präsentiert. Diese bestand aus einem ausbaufähigen Eisenbahn- und Schienenprogramm, wobei die Lokomotiven durch ein einfaches Uhrwerk angetrieben wurden.

Vier Jahre später brachte Märklin die erste elektrische Eisenbahn auf den Markt – eine Straßenbahn. Dieses System war allerdings nicht ungefährlich, da die Stromzufuhr über eine Mittelschiene lief und die Rückleitung über die Außenschienen. Man konnte also bei Berührung der Schiene einen elektrischen Schlag bekommen. Später legte Märklin dann besonders Wert auf die kleinen Zubehöre, denn „Umwelt" wurde bei den ersten Spielzeugbahnen nur durch einen blechernen Bahnhof angedeutet.

http://www.maerklin.de

Maggi

1886 befasste sich der Schweizer Julius Maggi mit der Hydrolyse von Eiweiß, einem Verfahren, bei dem Produkte mit fleischbrüheartigem Geruch und Geschmack entstehen. Die Fertigung jener Suppenwürze, die er im Rahmen dieser Forschung entwickelte, ist bis heute ein gut gehütetes Geheimnis. Es handelt sich um ein dem Bierbrauen ähnliches Verfahren, außerdem muss das Produkt 3–4 Monate reifen.

Der Erfinder gab diesem Produkt seinen Namen und entwarf selbst die eigenwillig geformte, bis heute aber kaum veränderte Flasche, in der das Produkt auf dem Markt ist. In ihrer Schweizer Heimat wird diese Flasche „Gütterli“ (hochdeutsch „verschließbare Flasche“) genannt.

http://www.maggi.de

Mag-Lite

1955 gründete Tony Maglica sein Unternehmen und entwickelte die Marke Mag-Lite. Dieser Markenname ist eine Kombination aus der ersten Silbe von „Maglica", dem Nachnamen des Gründers, und einer Abwandlung des englischen Wortes „light" für deutsch „Licht". Mag-Lite-Taschenlampen gehörten wegen ihrer besonderen Qualität zuerst in den USA und gehören mittlerweile weltweit zur Standardausrüstung von Polizei und Rettungsdiensten.

http://www.maglite.de

Malteserkreuz Aquavit

Das „Aqua vitae“, von dessen lateinischem Namen sich der Produktname Aquavit ableitet, wurde bereits im Mittelalter von Alchemisten erfunden und nicht als Genussmittel, sondern als Heilmittel gegen verschiedene körperliche und geistige Leiden geschätzt.

1881 wurde in Kopenhagen die A/S De Danske Spritfabrikken (DDSF) mit dem berühmten Malteserkreuz im Firmenlogo gegründet.

Auch in Deutschland war Aalborg Akvavit sehr beliebt, aber Anfang des 20. Jahrhunderts machten hohe Importzölle eine wirtschaftlich sinnvolle Einfuhr nach Deutschland fast unmöglich. Daraufhin entschloss sich die De Danske Spritfabrikken, eine deutsche Tochterfirma in Berlin zu gründen, um dort einen Aquavit herzustellen, der in Qualität und Geschmack dem dänischen Vorbild Aalborg Akvavit entsprach, jedoch nach dem Firmenzeichen benannt werden sollte: Malteserkreuz Aquavit.

http://www.malteserkreuz.de

Mamba

Mamba ist ein weiches Kaubonbon der Firma Storck (→ Storck).

http://www.mamba.de

Mannesmann

Die Geschichte von Mannesmann beginnt mit der Erfindung eines Herstellungsverfahrens für nahtlose Stahlröhren durch die Brüder Max und Reinhard Mannesmann im Jahr 1885 in Remscheid.

Da die zu dieser Zeit eingesetzten Dampfmaschinen mit hohem Druck arbeiteten, dem geschweißte Stahlröhren nicht standhalten konnten, und das Unfallrisiko daher sehr groß war, wurde die Nachfrage nach den neuen Röhren so groß, dass die Brüder Mannesmann bereits 1889 zusammen mit verschiedenen Partnern vier Fabriken in Frankreich, England, Österreich und Deutschland betrieben.

1890 wurden die Mannesmann-Fabriken zur Deutsch-Österreichischen Mannesmannröhren-Werke Aktiengesellschaft. In den ersten Jahren des 20. Jahrhunderts erweiterte Mannesmann seinen Geschäftsbereich auf die Stahlindustrie, da das Unternehmen einen großen Eigenbedarf an Stahl hatte und nicht mehr von den Preisen und Lieferfristen der Stahl produzierenden Unternehmen abhängig sein wollte.

Zu dieser Erweiterung gehörten die Übernahme von Eisen- und Kohlebergwerken sowie der Erwerb anderer Stahlbetriebe. Bis in die 70er-Jahre hinein war Mannesmann im Stahlgeschäft tätig. Als in den späten 60er-Jahren der wirtschaftliche Druck auf die Stahlindustrie zunahm, reagierte Mannesmann und übernahm Unternehmen im Bereich Maschinenbau-Prozesssteuerung bzw. arbeitete mit ihnen zusammen. Dazu gehörte zum Beispiel die VDO Adolf Schindling AG. Anfang der 90er-Jahre wurde Mannesmann mit der Einführung des ersten privaten Mobilfunknetzes D2 zum Wegbereiter der Telekommunikation in Deutschland.

1996, mit der Öffnung des Telefonnetzes, gründete Mannesmann zusammen mit der Deutsche Bahn AG ein Joint-Venture-Unternehmen, das den Namen Mannesmann-Arcor & Co. erhielt.

Im Jahr 2000 wurde Mannesmann von dem englischen Kommunikationskonzern Vodafone übernommen.

http://www.mannesmann.de

http://www.vodafone.de

Maoam

■ Als Edmund Münster 1900 das Düsseldorfer Lakritzenwerk übernahm, wurden dort ausschließlich Lakritzenprodukte produziert. Erst im Jahr 1931 erwarb E. Münster im Ausland eine Lizenz für die Produktion von fruchtigen Kaubonbons. Das neue Produkt erhielt den Kunstnamen Maoam. 1986 wurde der Betrieb von Haribo übernommen (→ Haribo).

http://www.maoam.de

Marlboro

Marlboro

■ 1847 eröffnete Philip Morris ein Geschäft für Tabakwaren in der Bond Street, London. Ab 1885 verkaufte er dort auch Tabakmarken wie Blues, Cambridge und Derby sowie eine Zigarettenmarke mit dem Namen Marlborough, also Produkte, deren Namen denen britischer Dukes und Earls entsprachen.
1924 wurde Marlborough unter dem verkürzten Namen Marlboro in Amerika eingeführt. Es war zu dieser Zeit noch eine reine Damenzigarette mit einem roten Filterende. Später wurde Marlboro durch Werbekampagnen mit dem berühmten Marlboro-Cowboy kontinuierlich zur Marke für den „echten Mann“ ausgebaut.

■ ■ ■ ■ ■ ■ ■ ■ **http://www.philipmorrisusa.com**

McDonald's

Die Brüder Maurice und Richard McDonald eröffneten 1948 in Chicago, Illinois, USA, das erste Drive-in-Hamburger-Restaurant.

Der Hamburger stammt wohl ursprünglich aus Russland: Die Tataren, ein mongolischer Stamm, legten auf ihren Raubzügen vor circa 800 Jahren erbeutetes Rindfleisch unter ihre Sättel, um es weich zu reiten, hackten es und aßen es schließlich roh.

Im 18. Jahrhundert brachten Matrosen dieses Gericht mit nach Hamburg, wo es verfeinert wurde. Schließlich kam der „Hamburger" (noch ohne Brötchen) mit deutschen Emigranten nach Amerika. Wer dann schließlich den „Hamburger" zwischen zwei halbe Brötchen legte, ist sehr umstritten. Neil Fox wurde 1953 erster Franchisenehmer der McDonald-Brüder und machte das goldene „M" zum Kennzeichen seines Restaurants.

1954 erwarb jedoch Ray Kroc das Exklusivrecht, Lizenzen für McDonald's-Restaurants zu vergeben, und ist somit der eigentliche Unternehmensgründer. Das erste McDonald's-Restaurant eröffnete 1955. Heute gibt es weltweit über 30 000 McDonald's-Restaurants.

http://www.mcdonalds.de

Meissen

Zu Anfang des 18. Jahrhunderts begannen gemeinsame Forschungen von Johann Friedrich Böttger, Ehrenfried Walther von Tschirnhaus, dem Freiberger Bergrat Gottfried Pabst von Ohain und weiteren fachkundigen Berg- und Hüttenleuten im Auftrag Augusts des Starken zur Entschlüsselung des Herstellungsgeheimnisses von Porzellan, welches zum damaligen Zeitpunkt zu horrenden Preisen aus China importiert wurde.

Mit Erfolg gelang 1708/09 erstmals die Herstellung des „Weißen Goldes“. Auf Vorschlag des Manufakturinspektors Johann Melchior Steinbrück werden seit 1722 die dem kursächsischen Wappen entlehnten Kurschwerter zur Markierung des Meissener Porzellans® genutzt. Damit sind die „Gekreuzten Schwerter“ die wohl älteste ununterbrochen in Benutzung stehende Marke der Welt.

http://www.meissen.de

Melitta

1907 ärgerte sich Melitta Benz über den unbekömmlichen Bodensatz in ihrem Kaffee derart, dass sie nach einer Methode der Kaffeezubereitung suchte, bei der der Kaffeesatz herausgefiltert wurde. Mittels Hammer und Nagel schlug sie Löcher in einen Messingtopf, legte ein Löschblatt aus dem Schulheft ihres Sohnes hinein und erhielt so satzfreien Kaffee.

Seit 1908 werden unter der nach ihr benannten Marke Melitta Kaffeefilter und Filterpapiere, aber auch Haushaltsprodukte vermarktet. Außerdem bietet Melitta heute auch Kaffee an, der bereits circa 40 Prozent des Gesamtumsatzes ausmacht.

http://www.melitta.de

Mensch ärgere Dich nicht

■ 1905 erfand Josef Schmidt als Zeitvertreib für seine Kinder in den Wintermonaten das Gesellschaftsspiel „Mensch ärgere Dich nicht". 1912 eröffnete er in der Münchener Lindenstraße eine Werkstatt, um sein Spiel in Serie zu produzieren. Der Verkauf lief jedoch zunächst sehr schleppend an, insbesondere nach Ausbruch des Ersten Weltkrieges. Während des Krieges verschenkte Schmidt 3000 „Mensch ärgere Dich nicht"-Spiele an Lazarette in Deutschland, und von dort aus gelangte das Brettspiel sogar in die Schützengräben.

Damit gelang der Durchbruch: Bereits 1920 waren weit über eine Million Spiele zu einem Stückpreis von

35 Pfennigen verkauft. In den 80er-Jahren feierte das Unternehmen Schmidt Spiele, Eching, nicht nur seinen 75. Geburtstag, sondern auch eine Auflagenhöhe von 55 Millionen „Mensch ärgere Dich nicht"-Spielen. Das Unternehmen hat heute über 500 verschiedene Spiele im Programm.

http://www.schmidtspiele.de

Mercedes-Benz

Mercedes-Benz

Im Jahr 1886 gelang es Karl Benz und Gottlieb Daimler unabhängig voneinander, eine Kutsche mittels Motorkraft ins Rollen zu bringen. Mit ihren Firmen Daimler Motoren Gesellschaft in Cannstatt und Benz & Co. in Mannheim legten sie den Grundstein für das mobile

Zeitalter. 1899 gewann ein Kaufmann aus Nizza das Tourenrennen dieser Stadt, die Woche von Nizza, in einem Daimler-Rennwagen. Allerdings trat er unter dem Pseudonym „Mercédès" an – dem Namen seiner Tochter. Nach seinem Sieg erklärte er sich bereit, den Vertrieb des Automobils im Ausland zu übernehmen, allerdings nur unter der Bedingung, diesen Namen beibehalten zu können. Daimler stimmte zu und ließ 1902 den Markennamen „Mercedes" schützen.
Der Stern als Markenzeichen stammt von einer Ansichtskarte, die Gottlieb Daimler einst an seine Frau geschickt hatte. Darauf zeichnete er einen dreizackigen Stern und schrieb dazu, dieser werde eines Tages über dem Werk der Familie aufgehen. Aufgrund der Wirtschaftskrisen in den 20er-Jahren schlossen sich die beiden Firmen 1926 zur Daimler Benz AG zusammen. Der Erfolg der neuen Gesellschaft wurde in den 30er-Jahren im Grand-Prix-Rennsport durch die Siege der so genannten Silberpfeile unterstrichen. Nach dem Zweiten Weltkrieg entwickelte sich das Fahrzeuggeschäft so positiv, dass ab 1950 auf der ganzen Welt Tochterfirmen gegründet wurden. Der Konzern Daimler Benz, der 1998, nach der Fusion mit dem amerikanischen Automobilhersteller Chrysler, den Namen DaimlerChrysler erhielt, ist heute ein global agierender Technologiekonzern.

Zu den Geschäftsfeldern zählen neben der Automobilproduktion Luft- und Raumfahrt, Verteidigungstechnik, Bahnsysteme, Informationsdienstleistung sowie Informationstechnologie.

http://www.mercedes-benz.de

Merci

„Merci" ist das französische Wort für deutsch „danke", was den Werbeslogan „Merci, dass es Dich gibt" erklärt. Merci war die erste portionierbare Schokolade in Riegelform und deswegen besonders praktisch für unterwegs. Dank des Namens gilt Merci heute als Geschenkschokolade Nummer eins. Merci ist ein Schokoladenprodukt aus dem Hause Storck (→ Storck).

http://www.storck.de

Meßmer

1852 gründete Eduard Meßmer in Baden-Baden ein Delikatessen- und Kolonialwarengeschäft. Seine außergewöhnlichen Waren und vor allem die ausgesuchten Teesorten brachten großen Erfolg, der durch die mehrfache Auszeichnung mit dem Titel Hoflieferant gekrönt wurde. 1886 gründete er eine Filiale für den Handel mit Tee in Frankfurt am Main, die später von seinem Sohn Otto Meßmer zum Teehandelshaus ausgebaut wurde.

1895 konnte Otto Meßmer eine Teemarke aufgrund ihrer herausragenden Qualität schützen lassen: Meßmer Tee. Im Laufe des 20. Jahrhunderts entwickelte sich die Firma Eduard Meßmer zu einem der wichtigsten Importeure und Abpacker von Schwarz- und Kräutertee in Deutschland. 1990 wurde das Unternehmen von der

Ostfriesischen Tee Gesellschaft (OTG) aus Seevetal übernommen.

http://www.messmer.de

Mexx

1980 wurden Moustache und Emanuelle, zwei Modemarken des Designers Rattan Chadha, zusammengeführt, arbeiteten aber immer noch sehr eigenständig. 1986 jedoch sollte daraus eine neue Marke entstehen, für die ein neuer Name gefunden werden musste. Aus dem „M" von Moustache und dem „E" von Emanuelle sowie einem Doppel-X, das symbolisch für zwei Küsse stehen sollte, wurde der Markenname Mexx zusammengesetzt und steht seither für junge Mode für Frauen, Männer und Kinder.

http://www.mexx.com

Microsoft

■ 1975 gelang es Paul Allen und Bill Gates, die bis dahin nur für Großrechner verwendete Programmiersprache BASIC für den ersten Personal Computer, den Altair der Micro Instrumentation and Telemetry Systems (MITS), weiterzuentwickeln. In Albuquerque, New Mexico, USA, bildeten Allen und Gates daraufhin eine inoffizielle Partnerschaft, die sie untereinander Micro-Soft nannten. Ihr Produkt, das weiterentwickelte BASIC, war zu dieser Zeit noch fest an den Altair-PC von MITS gebunden und wurde nur mit dem Gerät verkauft.

1976 lösten sie sich von MITS und gründeten ihre eigene Firma Microsoft, um frei auf dem Markt agieren zu können. Sie machten Basic zum Beispiel für General Electric oder Citibank nutzbar. 1977 kaufte auch Apple das von Gates und Allan entwickelte Programm für seine Computer, wobei der Pauschalpreis von 21 000 US-

Dollar zu dieser Zeit angemessen schien. Dass Apple seinen Computer über eine Million Mal verkaufen würde, wodurch sich der Stückpreis pro BASIC-Kopie auf nur zwei Cent belief, war bei der Unterzeichnung des Lizenzvertrages nicht vorhersehbar. Von nun an expandierte Microsoft immer schneller und war bald international vertreten. Unternehmen wie zum Beispiel IBM wählten Microsoft als Softwarehersteller, und neue Computer wurden nach den Anforderungen der Programme von Microsoft entwickelt. 1975 betrugen die Umsatzerlöse von Microsoft 16 000 US-Dollar. 1978 bestand Microsoft aus 13 Mitarbeitern und erwirtschaftete bereits 1 355 655 US-Dollar. 1983, dem Geburtsjahr von MS-Word, konnten die dann 476 Mitarbeiter 50 650 000 US-Dollar Umsatz erzielen. 1988 ließ Microsoft seinen Konkurrenten Lotus mit knapp 600 Millionen US-Dollar Umsatz weit hinter sich. Heute ist Microsoft nach Coca-Cola die wertvollste Marke der Welt und beschäftigt mehr als 27 000 Mitarbeiter weltweit.

http://www.microsoft.de

Milka

Die lila Kuh als Werbefigur für die Schokoladenmarke Milka ist heute bekannter als die Geschichte, die hinter dem Namen Milka steht.

Dieser Produktname setzt sich einfach aus den Anfangsbuchstaben der beiden Hauptbestandteile der Schokolade zusammen: Milch und Kakao, kurz: Milka.

Schon bei der Markteinführung 1901 war die Verpackung lila, doch erst 1972 wird die Milka-Kuh eingeführt und der Verpackung von Milka entsprechend lila eingefärbt.

http://www.milka.de

Miracel Whip

1932 erfand ein Produktentwickler der Firma Kraft ein neuartiges Salatdressing, das im Gegensatz zu den herkömmlichen gekochten Dressings mittels einer eigens dafür konstruierten Maschine aufgeschlagen wurde und dadurch eine besonders lockere Konsistenz erhielt. Bis heute ist dieses Herstellungsprinzip gleich geblieben.

Der Produktname setzt sich zusammen aus den englischen Begriffen „Miracle“ für deutsch „Wunder“ und „Whip“ für deutsch „schlagen“. 1933 wurde das Produkt in den USA eingeführt und seit 1972 ist es auch in Deutschland erhältlich. Es hat sich zum Marktführer im Bereich Salatcremes entwickelt.

http://www.kraft.de/miracelwhip

Mirácoli

■ Anfang der 60er-Jahre wurde im Hause Kraft ein Komplettgericht mit Pasta, Tomatenmark, Parmesello-Käse und einer speziellen Gewürzmischung entwickelt. Aus einer Liste mit über 100 Vorschlägen wurde dafür der Name Mirácoli gewählt, die Mehrzahl des italienischen Wortes für Wunder, „miracolo“.

■ ■ ■ ■ ■ ■ ■ ■ ■ ■ ■ ■ ■ **http://www.miracoli.de**

Mövenpick Restaurantkette

■ 1946 wurde in Zürich ein Bürokomplex für 2500 Mitarbeiter gebaut. Als der damals 30-jährige Hotelierssohn Ueli Prager davon erfuhr, kam ihm die Idee einer besonderen „Ess-Stätte“. Er bezog in dem besagten Bürogebäude einen Raum und eröffnete dort mit drei weiteren Kollegen und einem Investor ein Restaurant.

Ein Architekt, der an der Realisation des Baus beteiligt war, erfand den Namen: Mövenpick. Auslöser für den Namen war eine Möwe, die auf der Quaibrücke am Zürichsee aus der Hand des Architekten Brot pickte und die Philosophie des Unternehmens perfekt wiedergab: Gastronomie im Zeichen der Möwe, wo im Flug etwas Kleines, Gutes gegessen werden kann. Das „W“ wurde durch ein „V“ ersetzt, da der Buchstabe die Silhouette einer Möwe besser nachzeichnete. Die neue Restaurantidee kam an, und Mövenpick konnte expandieren.
Heute gehören zu Mövenpick neben Restaurants unter anderem auch Hotels, Weine und Lebensmittelmarken.

. . . . **http://www.moevenpick.de**

Montblanc

Um die Wende vom 19. zum 20. Jahrhundert waren Füllfederhalter mit Tintenkammer ein teurer Luxusartikel und meist nur Wohlhabenden vorbehalten. Ein findiger Hamburger Schreibwarenhändler produzierte deshalb seine eigenen Füllfederhalter. Der Verkauf lief gut an, und 1906 tat er sich mit einem Bankier und einem Ingenieur zusammen und gründete kurz darauf ein eigenes Unternehmen, das er nach dem höchsten Berg Europas, dem Montblanc, benannte.
Die Produkte wurden mit einer weißen Kappe versehen, die an den schneebedeckten Gipfel des Montblanc erinnern sollte. 1908 wurde die weiße Kappe zu einem weißen Stern umgeformt.

http://www.montblanc.de

Müllermilch

Im Jahr 1896 wurde in Aretsried, nahe Augsburg, eine kleine Dorfmolkerei gegründet. Diese wurde nach ihrem Gründer Alois Müller benannt und hat bis heute weder Firmenname noch Firmensitz geändert. Erst innerhalb der letzten zwei Jahrzehnte des 20. Jahrhunderts hat sich daraus eine moderne Großmolkerei entwickelt, die über 3000 Mitarbeiter an drei Standorten in Europa beschäftigt. Die Idee für die berühmte Müllermilch entstand 1983, als man ein erfrischendes Milchmixgetränk schaffen wollte. Seitdem ist Müller im Bereich Milchmixgetränke unangefochtener Marktführer.

http://www.muellermilch.de

Nescafé

■ Eigentlich entstand der lösliche Kaffee aus der Not heraus: 1930 gab es in Brasilien eine Kaffeerekordernte, und um einen Preisverfall zu verhindern, musste ein Großteil der Kaffeebohnen vernichtet werden. Daraufhin nahm die brasilianische Regierung Kontakt auf zum Schweizer Unternehmen Nestlé. Man wollte ein Verfahren entwickeln, mit dessen Hilfe in Zukunft überschüssiger Kaffee haltbar gemacht werden konnte. Am 1.4.1938 präsentierte Nestlé schließlich den ersten löslichen Bohnenkaffee, der mit dem Slogan „Kaffee ohne Kanne" vermarktet wurde. Heute ist Nescafé beliebtester Instantkaffee und wird sogar häufiger getrunken als jede andere Röstkaffeemarke der Welt. Rund um den Globus werden im Jahr 2003 circa 3900 Tassen Nescafé pro Sekunde getrunken.

http://www.nescafe.de

Nimm 2

■ Das erste Vitaminbonbon Deutschlands ist heute das mit Abstand meistverkaufte Bonbon. Es wurde vor allem durch den Spruch „Naschen & Vitamine“ bekannt. Nimm 2 ist damit die erste Bonbon-Marke, die das Image erlangt hat, gesund zu sein (→ Storck).

■ ■ ■ ■ ■ ■ ■ ■ ■ ■ ■ ■ ■ ■ **http://www.storck.de**

Nissan

■ Im Dezember 1933 kaufte das Unternehmen Nihon Sangyo Co. die Jidoshas Seizo Co. Ltd. und komprimierte den Firmennamen Nihon Sangyo zum Markennamen

Nissan. Dieser war durchaus programmatisch, denn „Nihon Sangyo" bedeutet „Japan Industrie". Nissan besteht aus rund 200 japanischen Unternehmen, darunter auch die 1931 gegründeten Datsunwerke.

1981 beschloss man jedoch, Unternehmen und Produkten weltweit den einheitlichen Namen Nissan zu geben. Der Name Datsun, der bis dahin als Exportmarke des Nissan-Konzerns galt, wird seither nicht mehr verwendet.

http://www.nissan.de

NIVEA

1911 versuchte Dr. Oskar Troplowitz, Apotheker und Besitzer der Laboratorien Beiersdorf in Hamburg, Wasser und Öle zu einer Creme zu verbinden. Es entstand nach einigen Versuchen eine weiße Creme, die er Nivea nannte, in Anlehnung an das lateinische Wort „nivis“ für deutsch „Schnee“.

NIVEA

Nivea kam 1912 auf den Markt und war die erste Fett- und Feuchtigkeitscreme der Welt. Das Markenzeichen von Nivea ist der weiße Schriftzug auf der blauen Blechdose, die es bereits seit über 50 Jahren gibt. Nivea ist heute mit über 110 Produkten eine der bekanntesten und größten Körperpflegemarken der Welt.

http://www.nivea.de

Nokia

1865 gründete der Finne Fredrik Idestam in Südfinnland die Firma Nokia zur Produktion von Papier und

Karton. Er hatte großen Erfolg, denn im Zuge der industriellen Revolution stieg der Bedarf an Papier und Pappe. Nokia handelte zunächst mit Russland, dann mit England und Frankreich und ab 1930 auch mit China. Bald war ein internationales Netz von Vertriebshändlern entstanden. 1898 wurde unter Nokia eine Gummifabrik gegründet, die anfangs Gummistiefel herstellte, später aber auch Förderbänder und andere Industrieprodukte.

NOKIA

1912 kaufte Nokia die Aktienmehrheit der Finish Cable Works und vermarktete nun auch Kabel für die ersten Telefone und die Stromversorgung. In den 60er- und 70er-Jahren setzte Nokia bereits auf digitale Kommunikation und unterschied sich damit von vielen anderen Firmen, die an der bewährten analogen Technik festhielten. Seit 1992 ist Nokia ausschließlich im Telekommunikationsbereich tätig und ist weltweit ein führender Anbieter von Mobiltelefonen und anderen Kommunikationssystemen.

http://www.nokia.de

NUK®

■ NUK ist die Abkürzung für „natürlich und kiefergerecht“ und leitet sich nicht, wie sich vermuten lässt, vom Verb „nuckeln“ ab. 1949 erfand der Zahnmediziner Dr. med. Müller nach genauen Studien über das Wachstum des kindlichen Kiefers einen speziell geformten Sauger. Er hatte festgestellt, dass die gesunde Entwicklung des Kindes durch einen dem natürlichen, mütterlichen Vorbild nachempfundenen Sauger unterstützt wird. Heute bietet NUK nicht nur Sauger für die Flasche in verschiedenen Größen an, sondern auch die dazu passenden Flaschen sowie Beruhigungsschnuller in drei verschiedenen Größen, abgestimmt auf die unterschiedlichen Entwicklungsphasen des Kindes. NUK wird durch die MAPA GmbH in 58 Ländern vertrieben und hat einen Bekanntheitsgrad von 93 Prozent.

http://www.nuk.de

Nur 1 Tropfen

Bereits 1927 gründete der Kaufmann Otto Müller in Berlin-Charlottenburg die chemische Fabrik OTTO MÜLLER GmbH & Co. zur Herstellung pharmazeutischer und kosmetischer Erzeugnisse. 1948 hatten Otto Müller und sein Schwiegersohn John Rorison die Idee, ein medizinisches Mundwasser zu entwickeln, das den Namen „Rorison's Drop" tragen sollte. Antibakteriell sollte es sein, den Säuregehalt im Mund regulieren und vor Parodontose schützen.

Auf Anraten eines amerikanischen Stadtkommandanten erhielt das Mundwasser den klangvolleren Produktnamen „One Drop Only" und das eigens von Otto Müller kreierte rotblaue Tropfen-Logo.

Nach Abschluss der Forschungs- und Entwicklungsarbeiten sowie aller klinischen Studien fiel im Jahr 1950 der Startschuss für die Markteinführung in der deutschen Übersetzung: Nur 1 Tropfen medizinisches Mundwasser-Konzentrat. Schon in den 50er-Jahren wurde das sparsame Mundwasser zur Kultmarke und bis heute ist es das einzige freiverkäufliche Arzneimittel seiner Art in Deutschland.

http://www.onedroponly.de

NutraSweet

1965 entdeckte der Forscher James Schlatter den Zuckerersatzstoff NutraSweet per Zufall. Er arbeitete wissenschaftlich an der Entwicklung einer Therapie gegen Magengeschwüre und experimentierte mit Aminosäuren. Als er zum Aufnehmen eines Stück Papiers einen Finger anleckte, schmeckte er eine angenehme, süße Substanz.

Seit seiner Einführung 1981 entwickelte sich Nutra-Sweet schnell zu einem der weltweit am häufigsten benutzten „Süßer". Das Besondere ist der neutrale Geschmack und die außergewöhnliche Süßkraft.

http://www.nutrasweet.com

OBI

Als in den 60er-Jahren in den USA die Do-it-yourself-Märkte immer erfolgreicher wurden, eröffneten Dr. Emil

Lux und Manfred Maus in Hamburg-Poppenbüttel den ersten OBI-Baumarkt mit einer Verkaufsfläche von 870 Quadratmetern. Bis zu diesem Zeitpunkt konnte man Werkzeuge, Farben oder Ähnliches nur bei Fachhändlern kaufen, wodurch sich der erste Werbeslogan „Bei Eisen-Karl oder bei OBI" erklärt.

Der Name OBI stammt aus dem Französischen: Kurz vor der Eröffnung des ersten Geschäftes in Hamburg las Manfred Maus in einer französischen Zeitung von drei Männern, die ebenfalls die Idee hatten, einen Heimwerkermarkt zu eröffnen, und diesem den Namen „hobby" geben wollten. Da die Franzosen das „h" aber nicht aussprechen, entsteht aus „hobby" die Lautkombination „obi". Maus kaufte den Franzosen diesen Namen ab. Mittlerweile besitzt OBI über 400 Märkte in sieben Ländern. Im Frühjahr 2000 eröffnete das Unternehmen den ersten Heimwerkermarkt in China.

http://www.obi.de

Odol

Im späten 19. Jahrhundert war Mundhygiene in Deutschland noch kein Begriff. Zahnbürsten wurden ohne Zahncreme und nur von Angehörigen höherer Stände benutzt. In dieser Zeit wurden gerade die ersten Bakterien als Krankheitserreger entdeckt. Der Dresdner Kaufmann Karl August Lingner verfolgte aufmerksam die wissenschaftlichen Entwicklungen. Zusammen mit Professor Seifert, der gerade mit einem aus Weidenrinde gewonnenen antibakteriellen Wirkstoff auf sich aufmerksam gemacht hatte, entwickelte Lingner 1893 die Rezeptur für ein Mundwasser. Zu dem großen Erfolg des Produktes trug nicht zuletzt die Namensgebung bei. Odol leitet sich ab von dem griechischen Wort für Zahn, „Odous", und dem lateinischen Wort für Öl, „Oleum".

Unverwechselbar und bis heute unverändert ist auch die Form der Odol-Flasche.

Der zur Seite geneigte Flaschenhals ermöglichte erstmals eine tropfenweise Abgabe der enthaltenen Flüssigkeit, da der Tropfenverschluss noch nicht erfunden war. Von Anfang an schaltete Lingner Anzeigen in Zeitungen und warb mit Werbeplakaten für sein Produkt. Dabei machte er an den Landesgrenzen nicht Halt, und schnell erlangte Odol große Bekanntheit in der gesamten westlichen Welt. Mit der Gestaltung der Plakate und Anzeigen beauftragte Lingner namhafte Künstler wie zum Beispiel Franz von Stuck oder Arnold Böcklin.

Lingners Engagement für die Volksgesundheit machte ihn in Deutschland beliebt. So gründete er 1900 mit dem Gewinn aus seinem Unternehmen die Zentralstelle für Zahnhygiene, eine Einrichtung zur Erforschung von Karies und anderen Zahnkrankheiten. Aus der 1911 von Lingner initiierten ersten internationalen Hygieneausstellung in Dresden mit fünf Millionen Besuchern entwickelte sich das Deutsche Hygiene-Museum, das allerdings erst nach seinem Tod erbaut wurde.

http://www.odol.de

O'NEILL

Jack O'Neill wollte eigentlich nur einen kleinen Laden am Strand führen und zum Surfen auf sein Surfbrett steigen, wann immer er Lust darauf verspürte. Allerdings war das Surfen in den 50er-Jahren in San Francisco beispielsweise verboten, und weiter im Norden erreichte das Wasser selten Temperaturen über 16 Grad.
Jack O'Neill stieß bei der Materialsuche für die Herstellung von wärmenden Anzügen auf Neoprenschaum. Dieser verträgt Salzwasser, hält den Körper sehr lange warm, ist elastisch und reißfest. Um dieses Produkt zu vermarkten, trat Jack O'Neill mit seiner ganzen Familie bei Sportmessen auf und ließ seine Kinder in den Anzügen stundenlang auf Eisblöcken sitzen.
Der kleine Surfshop in einer Doppelgarage entwickelte sich zu einem weltweit agierenden Unternehmen, dessen

Produkte heute in 47 Ländern an Surfer, Taucher, Snowboarder und Wasserskiläufer verkauft werden.

■ ■ ■ ■ ■ ■ ■ ■ ■ ■ ■ ■ ■ ■ ■ **http://www.oneill.de**

Otto

■ Im Jahr 1949, in einer Zeit, in der vor allem Güter des täglichen Bedarfs rar und daher sehr gefragt waren, gründete Werner Otto ein Versandhandelsunternehmen in Hamburg. Sein im darauf folgenden Jahr veröffentlichter erster Katalog umfasste gerade einmal 14 Seiten und bot 28 Paar Schuhe an. Dieser Katalog entstand sogar noch in reiner Handarbeit, mit eingeklebten Bildern, in einer Auflage von nur 300 Stück.

Nach dem Motto „Vertrauen gegen Vertrauen“ führte Otto als erster deutscher Versender den Kauf auf Rechnung ein. Heute ist Otto das weltgrößte Versandhandelsunternehmen; 2002 erzielte es einen Jahresumsatz von rund 22,8 Milliarden Euro.

http://www.otto.de

Palmolive

1898 stellte der Seifenmacher B. J. Johnson in Milwaukee, USA, zum ersten Mal eine Seife aus Palm- und Olivenöl her. Von diesen beiden Bestandteilen leitet sich auch der Name des Produktes ab: Palmolive. Heute ist Palmolive die drittgrößte Seifenmarke der Welt und einer der wichtigsten Geschäftsbereiche der Colgate-Palmolive GmbH. In 105 Ländern werden Körperseifen und mittlerweile auch Spülmittel verkauft, wobei Palmolive in Europa marktführend ist.

http://www.palmolive.de

Pampers

Als Vic Mills 1956 sein erstes Enkelkind auf dem Arm hielt, stellte er fest, dass die damals gebräuchlichen Stoffwindeln das Baby in seiner Bewegungsfreiheit stark einschränkten. Außerdem waren sie nicht saugfähig genug, um alle Feuchtigkeit sicher aufzunehmen. Vic Mills entwickelte daher in mehrjähriger Arbeit eine Windel, die zum einen sicher vor Nässe schützt und zum anderen größtmögliche Bewegungsfreiheit garantierte. Sie sollte Babys verwöhnen, was im Englischen „to pamper" heißt, so kam der Produktname zustande. Erst 1973, 12 Jahre nach der Einführung in den USA, kam die Pampers auch nach Deutschland und wurde von den Verbrauchern sofort angenommen. Heute ist Pampers die mit Abstand meist gekaufte Windel weltweit.

http://www.pampers.de

Pelikan

Pelikan

Die Familie Hornemann betrieb zu Beginn des 19. Jahrhunderts ein Fachgeschäft für Künstlerbedarf in Hannover. Mussten Künstlerfarben und Malutensilien zunächst teuer aus Frankreich und England importiert werden, so begann der Sohn, der Chemiker Carl Hornemann, 1838 mit der Eigenproduktion dieser Produkte. Er gründete die Farben- und Tintenfabrikation Carl Hornemann. 1863 erwarb der Chemiker Günther Wagner das Unternehmen.

Dieser schuf eines der ersten geschützten Warenzeichen Deutschlands: der Pelikan aus seinem Familienwappen, mit dem er seine Produkte auszeichnete. Das Unternehmen wuchs kontinuierlich, und neue Produkte wie Füllfedertinte, Wasserfarben und Klebstoffe konnten international abgesetzt werden.

Der legendäre schwarzgrün gestreifte Pelikan-Füllfederhalter, der in der Umgangssprache damals als „Stresemann“ bezeichnet wurde, kam übrigens 1929 auf den Markt.

http://www.pelikan.de

Penaten

1904 entwickelte der Drogist Max Riese in Rhöndorf am Rhein eine Creme speziell für die Säuglingspflege. Seine Frau Elisabeth, die ein Faible für römische Geschichte hatte, benannte diese Creme nach den Penaten, Schutzgöttern des Altertums, die das Haus und die darin wohnenden Menschen behüteten.
Die Wirksamkeit der Creme und ihre Haftfähigkeit erhielt sie durch das Wollfett von Schafen. Der Schäfer

wurde daher zum Sinnbild und Markenzeichen von Penaten.

http://www.penaten.de

Pepsi

Im Jahr 1893 begann der junge Apotheker Caleb Bradham aus New Bern in North Carolina, USA, mit verschiedenen Softdrinkmischungen zu experimentieren. Eine seiner Mixturen, die zunächst den Namen „Brad's Drink" trug, kam bei seiner Kundschaft sehr gut an. 1898 erhielt sie den Namen Pepsi Cola, der zum Ausdruck bringen sollte, was das Produkt versprach: neuen Antrieb, einfach mehr „Pep".

http://www.pepsiworld.com

Persil

■ Nachdem Hausfrauen jahrhundertelang ihre Wäsche mit Seife gewaschen hatten und dabei scheuern, reiben und bürsten mussten, damit die Wäschestücke sauber wurden, brachte die Firma Henkel & Cie. 1907 das erste Waschpulver heraus. Es versprach „einfachste Anwendung, ohne Bleichen, ohne Reiben, nach einmaligem Kochen reine, blendend weiße Wäsche, garantiert ohne Chlor". Der Name Persil leitet sich von den zwei Hauptbestandteilen des Waschpulvers ab: Perborat und Silikat. Als er 1907 in das Handelsregister eingetragen werden sollte, zögerte das Kaiserliche Patentamt, da man Verwechslungen mit dem französischen Wort für Petersilie, „persil", befürchtete. Als Persil dann 1917 doch eingetragen wurde, hatte sich der Name bereits am Markt durchgesetzt.

http://www.persil.de

Polycolor

1946 wurde die Polycolor chemisch-pharmazeutische Gesellschaft GmbH gegründet. In Anlehnung an diesen ursprünglichen Firmennamen, der allerdings schon im Gründungsjahr in TheraChemie GmbH umgewandelt wurde, kam 1947 das erste Produkt auf den Markt: Polycolor, die erste flüssige Haarfarbe zur Selbstanwendung. Aber schon bei der Einführung drohte das Produkt zu scheitern, denn die Verpackung zeigte das Gemälde „Die Geburt der Venus“ (entstanden um 1486) von Sandro Botticelli, welches die Göttin Venus als eine völlig nackte Frau mit wehenden Haaren darstellt.

Das prüde Nachkriegsdeutschland lief Sturm – mit Erfolg: Das Packungsdesign wurde geändert. Mit dem neuen Slogan „Färbe Dich jung mit POLYCOLOR“ wurde das Produkt dann jedoch ein Verkaufsschlager.

http://www.henkel.de

Possmann

POSSMANN
Frankfurter Äpfelwein

■ 1881 kelterte der Frankfurter Gaststättenbesitzer Philipp Possmann im Vorort Rödelheim das hessische Traditionsgetränk Apfelwein. Sein „Stöffche“ war so beliebt, dass er es schon bald an andere Gaststätten in der Umgebung lieferte. Damit war der Grundstein für sein Unternehmen gelegt. In den 30er-Jahren kam dann die alkoholfreie Version, der Apfelsaft, dazu und führte den Apfel zu großer Beliebtheit sowohl bei Kindern als auch bei Erwachsenen.

1947 wurden in Deutschland noch einige U-Boote fertiggestellt, die für ihren Urzweck zum Glück nicht mehr gebraucht wurden und nun verschrottet werden sollten. Possmannn sah seine Chance und funktionierte die nagelneuen U-Boot-Hüllen kurzerhand um: Als riesige Apfelsaftbehälter erhielten sie eine neue, friedliche Aufgabe. Da die Äpfel für Apfelwein und Apfelsaft von Streuobstwiesen stammten, setzte sich Günther Possmann, ein Nachfolger von Philipp Possmann, immer wieder für die Erhaltung der Streuobstwiesen ein. Auch Volkmar Possmann wurde für sein Engagement im ökologischen Bereich ausgezeichnet. Eine 3000 Quadratmeter große Lagerhalle für Apfelwein wird allein durch die Verdunstung eines riesigen Feuchtbiotops auf dem Dach der Halle gekühlt.

http://www.possmann.de

Pril

In den 50er-Jahren verwendeten noch circa 85 Prozent der Hausfrauen alkalische Spülmittel zum Spülen, die die Hände stark angriffen. Fast 15 Prozent erledigten den Abwasch sogar mit herkömmlichen Waschmitteln. Basierend auf dieser Marktanalyse entwickelte eine Tochterfirma der Firma Henkel ein synthetisches, waschaktives Spülmittel: Pril. Dieses hatte eine gute Reinigungskraft und schonte gleichzeitig die Hände. Außerdem machte der so genannte Klartrockeneffekt das anschließende Abtrocken überflüssig.

Als Maskottchen und spätere Werbefigur wurde eine Ente gewählt. Dahinter stehen folgende Überlegungen und folgendes Experiment: Eine Ente besitzt am hinteren Teil ihres Körpers eine Fettdrüse, mit deren Hilfe sie ihr Gefieder ständig einfettet. Nur so bleibt das Federkleid wasserabweisend und das Tier schwimmfähig.

Um die Fettlösekraft ihres Spülmittels zu beweisen, füllten die Produktentwickler ein großes Glasgefäß mit Prilwasser und setzten eine Ente hinein. Das Fett in ihren Federn löste sich tatsächlich, und ihr Gefieder saugte sich voll Wasser.
Heute kommt Pril wie viele andere Wasch- und Spülmittel aus dem Hause Henkel.

http://www.pril.de

Puma

Der Gründer der Firma Puma war Rudolf Dassler, der Bruder von Adolf (Adi) Dassler, der das Unternehmen Adidas gründete. Gemeinsam fertigten die Brüder zunächst ab 1924 in der Gebrüder Dassler Schuhfabrik Sportschuhe für Sportler aller Disziplinen.

1948 gründeten sie dann die beiden Firmen Puma und Adidas, weil jeder von ihnen ein eigenes Unternehmen besitzen wollte. Einen der vielen Rekorde, die mit Puma-Schuhen erzielt wurden, errang Jim Hines 1968 bei den US-Championships. Er lief als erster Mensch die 100-Meter-Strecke in unter 10 Sekunden.

http://www.puma.de

Pustefix

1948 experimentierte der Chemiker Dr. Rolf Hein mit Waschmitteln, um diese bei den Bauern im Umland gegen Lebensmittel eintauschen zu können. Da das Geld zu dieser Zeit keine hohe Kaufkraft hatte, blühte der Tauschhandel. Dabei stellte Hein auch eine Flüssigkeit her, die zum Waschen zwar ungeeignet war, mit der sich jedoch hervorragend Seifenblasen pusten ließen. Er erkannte die Chancen seiner Erfindung und entwickelte daraus ein Spielzeug, das den bis heute verwendeten Markennamen Pustefix erhielt.

Das ursprüngliche Pustefixröhrchen bestand aus Aluminium, enthielt einen Blasring aus Federdraht und wurde mit einem Korken verschlossen. Doch die Flüssigkeit zwischen den Metallen zersetzte nach und nach den Blasring, eine lange Lagerung war deshalb nicht möglich. Erst um 1960 konnten mit der Verwendung von Kunststoffen diese Probleme überwunden werden. Dadurch erst wurde der Export von Pustefix möglich. Es ist heute sogar in Ländern wie Malaysia oder Trinidad Tobago erhältlich. Mit dem 50. Jubiläum im Jahr 1998 ging die Geschäftsleitung der Dr. Rolf Hein KG in Tübingen an Frank W. Hein und damit an die dritte Generation über.

http://www.pustefix.de

Quadral

1972 gründeten H.-D. Hoffmann, H. Pabel, H. Enders und F. Hofmann die all-Gruppe in Hannover, die zwei Unternehmensbereiche umfasste: all-electronic und all-akustik. Ende der 70er-Jahre führte die all-akustik, der Unternehmensbereich für Unterhaltungselektronik, die Lautsprechermarke quadral auf dem Markt ein, die zum Inbegriff für Lautsprecher der Spitzenklasse werden sollte. Seit 1998 liegt der Schwerpunkt der Produktentwicklung bei quadral auf der Erhaltung der Klangqualität in wohnraumfreundlichen Gehäusen. Die Lautsprecher sollen möglichst klein und dezent sein und dennoch ein Maximum an Klangqualität liefern.

http://www.quadral.de

Quaker

Im späten 19. Jahrhundert begannen drei Müller im Mittleren Westen der USA unabhängig voneinander mit

der Produktion hochwertiger Haferflocken: In Ravenna, Ohio, gründeten Henry D. Seymour und William Heston die Quaker Mill Company und ließen auch gleich den Namen Quaker als Marke schützen. In Cedar Rapids, Iowa, betrieben John Stuart, sein Sohn Robert und ihr Partner George Douglas die damals größte Getreidemühle. Ferdinand Schumacher, auch „Der Haferflockenkönig" genannt, gründete 1856 die German Mills American Oatmeal Company.
1901 schlossen sich diese drei Anbieter zusammen und wählten den bereits geschützten Markennamen für das neue Unternehmen: The Quaker Oats Company.
Neben den bekannten Haferflocken gehört heute zum Beispiel auch die Getränkemarke Gatorade zum Unternehmen.

http://www.quakeroats.com

Ravensburger

1883 schloss der Buchhändler Otto Robert Meier in Ravensburg seinen ersten Autorenvertrag ab. Publizierte er in seinem Verlag zunächst Fachveröffentlichungen über Handwerks- und Baukunst, so erschienen bereits ein Jahr später das erste Gesellschaftsspiel „Reise um die Erde" und ein erstes Jugendbuch.

In den darauf folgenden Jahren vergrößerte Ravensburger sein Programm ständig und konnte in den Jahren vor dem Ersten Weltkrieg über 800 Spiel- und Büchertitel vorweisen. 1959 erschien das Spiel „Memory", das, in verschiedenen Versionen, bis heute weltweit mehr als 50 Millionen Mal verkauft wurde. Zwischen 1964 und 1999 spiegelte die starke Expansion des Unternehmens (von 10 Millionen Deutsche Mark Umsatz und 280 Mitarbeitern 1964 zu 590 Millionen Deut-sche Mark Umsatz und 2000 Mitarbeitern im Jahr 1999) das stetige Wachstum des Spielemarktes. Im Bereich Puzzles ist Ravensburger heute europäischer Marktführer mit jährlich über 10 Millionen verkauften Puzzles.

http://www.ravensburger.de

Recaro

1906 gründete der gelernte Sattlermeister und Hobbytüftler Wilhelm Reuter in Stuttgart eine Karosserie- und Radfabrik. Dort fertigte er maßgeschneiderte Karosserien sowie Innenausstattungen für die ersten Automobile. Diese waren somit, vergleichbar Kutschen, Einzelanfertigungen nach den individuellen Kundenwünschen. Bald ließen die Automobilhersteller von Wilhelm Reuter jedoch auch erste Karosserieserien bauen. So entwickelte Reuter 1935 für Porsche die Karosserie des VW-Käfers und produzierte 1938 auch die in Auftrag gegebene Serie.

1944 kam der damalige Chef Albert Reuter, der Bruder des verstorbenen Wilhelm Reuter, bei einem Luftangriff ums Leben. Die Produktionshallen in Stuttgart waren stark beschädigt, und man begann den Neuanfang lediglich mit Reparaturarbeiten an Postfahrzeugen und Omnibussen. Als Porsche 1949 die Produktion seines neuen Sportwagens aufnahm, bekam Reuter den Auftrag für die Entwicklung der berühmten Porsche-Karosserie. 1963 bildete man den Namen RECARO aus den Anfangsbuchstaben von „Reuter Carosserien“. Schwerpunkt der Unternehmenstätigkeit bildete jetzt die Entwicklung von ergonomisch geformten Autositzen mit höchstem Sicherheitsstandard.

http://www.recaro.de

Red Bull

In den frühen 80er-Jahren war der Österreicher Dietrich Mateschitz häufig geschäftlich in Asien tätig. Dort tranken viele Manager vor längeren Konferenzen einen so genannten „Energy Drink“, ein koffeinhaltiges

Getränk, das, vergleichbar einer Tasse Kaffee, Müdigkeit und Konzentrationsschwäche entgegenwirkte. Mit einem neuen Markenkonzept führte Mateschitz den Drink 1987 unter dem Namen Red Bull in Österreich ein. Später kamen auch einige osteuropäische Länder hinzu, und von 1994 an wurde Red Bull auch in Deutschland vertrieben. Heute ist Red Bull in 20 Ländern der Erde erhältlich.

http://www.redbull.de

Renault

1898 rollte das erste Modell, der Typ A, aus der kleinen Werkstatt von Louis Renault in Boulogne-Billancourt. Der 21-Jährige baute innerhalb eines Jahres noch 75 weitere Automobile dieses Typs und verkaufte sie in Paris. Noch im selben Jahr entwickelte er eine Gangschaltung mit Kardanwelle. Das damit ausgestattete Automobil fuhr mit nur 1,75 PS damals sensationelle 50 Stundenkilometer. Das erste Grand-Prix-Rennen 1906 in Sarthe gewann Renault mit dem 100 PS starken Renault-Rennwagen und der Durchschnittsgeschwindigkeit von über 100 km/h.

1943 hatte das Renault-Werk bereits 16 000 Mitarbeiter. Doch durch einen Luftangriff der US-Air-Force im Zweiten Weltkrieg wurden große Teile des Werkes zerstört, und es musste geschlossen werden. Mit genau 1 150 550 verkauften „Cremeschnittchen", wie der Renault 4 CV liebevoll genannt wurde, konnte Renault nach 1945 bald an seinen Erfolg vor dem Krieg anknüpfen.

In den 20er-Jahren hatte das Logo der Renault-Automobile noch die Form eines stilisierten Kühlergrills. 1925 wurde es durch eine neue Form, den Rhombus, abgelöst, mit dem sich Renault auch heute noch präsentiert.

http://www.renault.de

RIMOWA

RIMOWA ist die Abkürzung für Richard Morszeck Warenzeichen; dieser Markenname wurde bereits 1941 ins Handelsregister eingetragen. 1937 hatte Richard Morszeck den ersten Aluminiumkoffer, einen Überseekoffer, wie er zum Beispiel für lange Schiffsreisen genutzt wurde, auf den Markt gebracht. Ende der 40er-Jahre entstand der erste Handkoffer, der durch seine Robustheit überzeugte, 1950 der erste Koffer mit der Rimowa-Rillen-Struktur, die heute unverwechselbar für Rimowa-Produkte steht. 1976 gelang es sogar, einen wasserdichten Koffer zu entwickeln. RIMOWA-Aluminiumkoffer werden heute vor allem aufgrund ihres geringen Eigengewichts und ihrer hohen Stabilität geschätzt.

http://www.rimowa.de

Ritter Sport

1912 gründeten Alfred Ritter, selbstständiger Konditor, und seine Ehefrau Clara, Inhaberin eines Süßwarengeschäfts, in Bad Cannstatt eine Schokoladen- und Zuckerwarenfabrik mit dem Unternehmensnamen Alfred Ritter Cannstatt.

Das erste Markenprodukt, das die Produktionshallen 1919 verließ, wurde Alrica genannt, ein Name, der sich aus den jeweils ersten beiden Buchstaben der einzelnen Worte der Firmenbezeichnung zusammensetzte. Das berühmte Quadrat wurde 1932 erfunden. Clara Ritter hatte die Idee, der Schokolade eine Form zu geben, in der sie in die Tasche jedes Sportjackets passen würde, aber das gleiche Gewicht haben sollte wie eine normale Tafel Schokolade. Ritters Sportschokolade war geboren.

Im Laufe der Zeit vereinfachte man den Markennamen zu Ritter Sport.

http://www.ritter-sport.de

Rollei

1920 gründeten der Berliner Fotokaufmann Paul Franke und der Feinmechaniker Reinhold Heidecke in Braunschweig ihre Werkstatt für Feinmechanik und Optik – Franke und Heidecke. In den ersten Jahren bauten sie Stereokameras für Fotoplatten, die unter dem Namen Heidoscop vermarktet wurden. Schon bald aber ersetzte ein Rollfilm die umständlich zu handhabenden Platten. Der Name Heidoscop wurde in Rolleidoscop umgewandelt. Mit der Entwicklung der Rolleiflex, einer zweiäugigen, d. h. mit zwei Objektiven ausgestatteten Spiegelreflexkamera, gelang 1928 der lang ersehnte

Durchbruch. Der Name Rollei, als neuer Firmenname, wurde innerhalb kürzester Zeit berühmt.

■ ■ ■ ■ ■ ■ ■ ■ ■ ■ ■ ■ ■ ■ ■ **http://www.rollei.de**

Sanella

■ Im Jahr 1904 gelang es der Sana GmbH in Cleve erstmals, Pflanzenfett in eine streichbare Konsistenz zu bringen. Um dem bald darauf ausbrechenden heftigen Preiskampf auf dem Margarinemarkt zu entgehen, schlossen sich die zwei erbittertsten Konkurrenten Van den Bergh und Jurgens & Prinzen 1929 zusammen und brachten ihre Margarine 1931 unter dem Namen Sanella auf den Markt. Im Radio wurde diese durch die beiden Hausfrauen Sanne und Ella beworben als die „bessere und billigere Sanella". Im Zweiten Weltkrieg wurde das Werk in Cleve komplett zerstört, so dass die Margarineproduktion erst im Jahr 1948 wieder aufgenommen werden konnte. Die Mangelversorgung der Bevölkerung mit Fett ($^1/_2$ Pfund pro Kopf im Jahr 1948) führte dazu, dass Sanella ohne jede Produktwerbung reißenden Absatz fand. Doch in den 50er-Jahren ließ mit der Rückkehr der Kaufkraft das Interesse an Margarine nach; Butter wurde zum Prestigeprodukt. Aus diesem Grund konzentrierte sich Sanelle in den 60er-Jahren auf den Marktbereich „Warme Küche" und warb mit den äußerst guten Eigenschaften von Margarine beim Kochen, Backen oder Braten. Durch diese Strategie konnte sich Sanella auf dem Margarinemarkt behaupten und hat heute einen konstanten Marktanteil.

http://www.unilever.de

Schamel

Das Haus Schamel besteht bereits in der fünften Generation. Gegründet wurde das Unternehmen 1846 von Johann Wilhelm Schamel in einer kleinen Gasse in Baiersdorf. Anfangs war die Familie ausschließlich im Meerrettichgroßhandel tätig. Erst der Enkel des Unternehmensgründers, Johann Jakob Schamel, hatte die Idee, Meerrettich genussfertig, also fertig gerieben, im Glas anzubieten. Damit blieb den Kunden das Reiben der scharfen Wurzel, das die Augen reizte, erspart. Mit dieser Idee war Johann Jakob Schamel erfolgreich, und er ließ das Unternehmen unter dem Namen Erste Bayrische Meerrettichfabrik ins Handelsregister eintragen.

http://www.schamel.de

Schneekoppe

SCHNEEKOPPE

Seit 1927 werden unter dem Markennamen Schneekoppe Reformhausprodukte wie Leinsamen oder Leinöl vermarktet. Aber erst 1953 begann Fritz Klein mit der erfolgreichen Entwicklung der Marke. Mit dem Markenzeichen, der Schneekoppe, dem höchsten Gipfel des Riesengebirges, verband Fritz Klein zum einen seine Liebe zu dieser Region, die zudem Anbaugebiet der ersten Schneekoppe-Produkte war, zum anderen den Symbolwert – der Berg steht für Natur, Reinheit und Schönheit.

http://www.schneekoppe.de

Schöller

1937 gründete der damals 20-jährige Theo Schöller zusammen mit seinem Bruder eine kleine Eisfabrik in Nürnberg. Er hatte zwei Jahre zuvor in Berlin sein erstes Eis am Stiel gegessen und war von der Produktidee nachhaltig begeistert. Zunächst wurden zwei Stieleisformen, rund und eckig, mit den Geschmacksrichtungen Vanille, Schokolade, Erdbeer und Zitrone produziert. 25 Mitarbeiter fertigten und verpackten in Handarbeit 10 000 bis 12 000 Eis am Stiel am Tag. 1960 wurde die eigene Eismarke Schöller Eiskrem eingeführt. Klassiker wie Caretta und Sandwich zählten zu den Produkten der ersten Stunde. Heute sind vor allem Produkte wie Manhattan Icecream oder La Crema in aller Munde.

http://www.schoeller.de

Schwartauer Werke

Das offizielle Gründungsjahr der Firma Schwartau ist 1926. In diesem Jahr wurden die Schwartauer Honigwerke und Zuckerraffinerie AG, die Lübecker Marzipan- und Backmassenfabrik und die Lübecker Pralinen- und Konfitürenfabrik zur Schwartauer Werke AG vereinigt. Das bekannte Markenemblem zeigt den Blick von der Stadt Bad Schwartau auf die sieben Türme von Lübeck und ist in den letzten 60 Jahren kaum verändert worden. Zwar war Konfitüre schon 1926 ein bekanntes Produkt, aber da ihre Herstellung mühsam und zeitaufwändig war, wurde die Schwartau Konfitüre vom Verbraucher schnell angenommen und ist bis heute Marktführer in Deutschland.

http://www.schwartauer-werke.de

Schwarzkopf

Schwarzkopf & Henkel

Im Jahr 1898 eröffnete der Chemiker Hans Schwarzkopf in Berlin eine Drogerie. Fünf Jahre später

konnte er sein erstes eigenes Produkt anbieten, ein Pulvershampoo, eine absolute Produktneuheit, denn bisher wusch man sich die Haare entweder mit Kernseife oder mit teuren Ölen.
Bereits 1904 belieferte Schwarzkopf sämtliche Berliner Drogerien mit seinem Shampoo. Als er 1927 das erste flüssige Shampoo auf den Markt brachte, war die Nachfrage überwältigend. Das Unternehmen wuchs schnell und gründete das erste Ausbildungszentrum für Friseure, das Institut für Haarhygiene.
Weitere Innovationen wie Schauma, das Haarspray Taft oder das Färbemittel Igora Royal stammen ebenfalls aus dem Hause Schwarzkopf.

In den Jahren des Wirtschaftswunders wurde Taft sogar zum Synonym für Haarspray, und der Begriff „taften" wurde in den allgemeinen Sprachgebrauch aufgenommen.
1980 stellte Schwarzkopf als erster der großen Kosmetikkonzerne seine Sprays auf FCKW-freie Treibmittel um.
Seit 1995 ist Schwarzkopf eine hundertprozentige Tochter des Chemiekonzerns Henkel. Der Haarpflegebereich wird jedoch unter der Marke Schwarzkopf weitergeführt.

http://www.schwarzkopf.de

SEGA

1954 begann David Rosen mit dem Import von Spielautomaten und Musikboxen für die in Asien stationierten US-amerikanischen Soldaten. Der Name seines Unternehmens lautete Service Games oder verkürzt Sega.

Rosen baute in den folgenden Jahren das Unternehmen zu einem weltweit führenden Hersteller von Spielautomaten aus. Seit 1984 firmiert das Unternehmen mit Hauptsitz in Tokio. Sega stellt heute auch Hard- und Software für interaktive Spiele her wie zum Beispiel Videospielkonsolen und Spiele im CD-ROM-Format.

http://www.sega.de

Shell

Im Oktober 1897 gründete der Londoner Marcus Samuel sein Transportunternehmen Shell Transport and Trading. „Shell" ist das englische Wort für Muschel. Samuel wählte es als Unternehmensnamen in Erinnerung an seinen Vater, der mit den damals wegen ihres dekorativen Wertes geschätzten Kammmuscheln gehandelt hatte.

Bereits vor 1900 wurden Name und Symbol im Handelsregister eingetragen und sind heute in über 170 Ländern geschützt. Auch die Farben Rot und Gelb begleiten Shell seit Beginn des 20. Jahrhunderts.

http://www.shell.com

Siemens

1816 wurde Werner von Siemens in Lenthe bei Hannover geboren. Er absolvierte eine Fachausbildung in Mathematik, Chemie und Physik bei der Militärakademie, da seine Familie ein Studium nicht finanzieren konnte.

1847 erfand er den Zeigertelegraphen und gründete noch im gleichen Jahr zusammen mit seinem Freund Johann Georg Halske die Telegraphen Bauanstalt Siemens & Halske. Bereits ein Jahr später wurde das Unternehmen mit dem Bau der damals längsten Telegraphenlinie von Frankfurt nach Berlin beauftragt. Die Telegraphen waren vor allem bei den Militärs beliebt, und auch Russland beauftragte die Telegraphen Bauanstalt Siemens & Halske 1853 mit dem Bau des staatlichen Telegraphensystems. So war Siemens schon früh international tätig und beschäftigte schon bald weit

mehr als 1000 Mitarbeiter. 1870 verlegte sein Unternehmen sogar eine Telegraphenlinie von London nach Kalkutta, Indien.
Zwischen 1874 und 1884 legte Siemens mit einem Kabelschiff sechs Transatlantikkabel. Neben seinem wirtschaftlichen Erfolg war Werner von Siemens auch weiterhin als Erfinder tätig. So entwickelte er isolierte Land- und Seekabel sowie den ersten Dynamo, mit dessen Hilfe elektrische Energie in großen Mengen wirtschaftlich erzeugt werden konnte.
Der erste elektrische Aufzug in Mannheim (1880) sowie die erste U-Bahn, 1896 in Budapest, stammten aus dem Hause Siemens.
Auch hinsichtlich seines sozialen Engagements war Siemens ein Vorreiter seiner Generation. Bereits 1872 gründete er die Pensionskasse für Mitarbeiter und führte die Gewinnbeteiligung ein. Die Familien seiner Arbeiter waren sogar bei einem Todesfall abgesichert und erhielten eine Witwen- und Waisenunterstützung. Des Weiteren baute die Firma Siemens ab 1910 Erholungs- und Freizeitheime für ihre Mitarbeiter.
Heute ist Siemens ein weltweit führendes Unternehmen in der Elektronik und Elektrotechnik mit mehr als 400 000 Mitarbeitern.

http://www.siemens.de

Sinalco

Um 1900 bauten Friedrich Eduard Bilz, Naturheilkundler und Erfinder eines Erfrischungsgetränkes, und der Fabrikant Franz Hartmann ein Unternehmen auf, das die Bilz Brause produzieren und vertreiben sollte.
Der große Erfolg des Getränkes rief zahlreiche Nachahmer auf den Plan, die Namen, Flasche und Rezeptur imitierten.
Es musste also ein Name gefunden werden, der als Markenname geschützt werden konnte. Mittels eines Preisausschreibens wurde der neue Name ermittelt: Sinalco, eine Kombination aus dem lateinischen „sine alcohole", übersetzt „ohne Alkohol".

http://www.sinalco.de

Sixt

Bereits 1912 gründete Martin Sixt eine der ersten Autovermietungen Deutschlands, die Sixt Autofahrten und Selbstfahrer. Sein Fuhrpark bestand aus sieben Fahrzeugen, darunter drei Luxuswagen der Firma Deutz Landaulet, da Autofahren zu dieser Zeit nur der wohlhabendsten Schicht der Bevölkerung vorbehalten war. Sixt war zu dieser Zeit überwiegend auf Tagesreisen und Sonderfahrten spezialisiert. Mit dem Ausbruch des Ersten Weltkrieges wurden sämtliche Fahrzeuge konfisziert und ebenso wie die Fahrer dem Oberkommando des Heeres unterstellt. Nach dem Krieg kaufte Martin Sixt ein Anwesen in München als neuen Unternehmensstandort.

Noch heute ist diese Filiale eine der meistfrequentierten Citystationen von Sixt. 1927 baute Hans Sixt, der Neffe des Firmengründers, den Fuhrpark weiter aus, kaufte ab 1929 aber nur noch Fahrzeuge der Marke Mercedes, da die Ersatzteilversorgung bei ausländischen Fabrikaten nicht sichergestellt werden konnte. Mit Beginn des Zweiten Weltkrieges wurden erneut alle Fahrzeuge von Sixt konfisziert und der Wehrmacht unterstellt.

Doch schon ein Jahr nach dem Krieg begann Hans Sixt mit dem Wiederaufbau des Unternehmens. Dies gelang vor allem durch die große Nachfrage seitens der Angehörigen der US-Armee. Durch diese engen Geschäftsbeziehungen mit den amerikanischen Besatzungstruppen konnte Sixt sehr früh Funkgeräte importieren und 1948 in München die ersten Funktaxis einsetzen. 1951 wurde die Auto Sixt gegründet, ein Unternehmen für die Vermietung von Fahrzeugen an selbst fahrende Kunden, da Autos nun weit genug verbreitet waren und viele Menschen einen Führerschein besaßen.
Im Jahr 2000 gründete Sixt die e-Sixt AG und eröffnete die E-Commerce-Plattform für Autos und Reisen. Heute ist Sixt an nahezu allen wichtigen Flughäfen und Verkehrsknotenpunkten der Welt vertreten und zählt zu den größten Autovermietern weltweit.

http://www.sixt.de

Smirnoff

■ Schon im frühen 19. Jahrhundert brannte die Familie Smirnov in Moskau Wodka. Im Jahr 1860 gründete Piotr Asenyevitch Smirnov eine Destillerie und produzierte seinen qualitativ hochwertigen Wodka in größerer Menge. 1886 durfte sich die Smirnov-Destillerie Offizieller Hoflieferant des russischen Zarenhofes nennen.
Zwischen 1874 und 1897 gewannen Smirnov-Produkte zahlreiche Preise in der ganzen Welt. Im Zuge der russischen Revolution beschlagnahmte die kommunistische Regierung alle privaten Unternehmen in Moskau, so auch die Smirnov-Wodka-Destillerie. In den Wirren der Revolution flüchtete einer von Piotr Asenyevitch Smirnovs Söhnen aus Russland.

Entschlossen, den Familienbetrieb weiterzuführen, ging er erst in die Türkei, dann nach Polen und blieb zuletzt in Paris. Hier kämpfte Vladimir Smirnov um das Wiedererstarken der Marke Smirnov, die jetzt die französische Schreibung des Namens erhielt: Smirnoff. Mithilfe eines Freundes gelang es dann auch, Smirnoff-Wodka in den USA zu etablieren. Heute ist Smirnoff in 150 Ländern erhältlich. Es ist die bekannteste Wodka-Marke der Welt. 15 Milliarden Flaschen werden jedes Jahr verkauft, das sind über eine halbe Million Flaschen pro Tag, also sechs Flaschen pro Sekunde.

http://www.smirnoff.com

Sony

1946 gründeten die beiden jungen Elektroingenieure Akio Morita und Masaru Ibuka in Tokio ein Unternehmen für technologische Innovationen. Nach langen Diskus-

sionen einigten sie sich auf den Unternehmensnamen „Sonny", abgeleitet von dem lateinischen Wort „sonus", deutsch „Klang".
Dieser Name sollte außerdem an den Begriff „Sonnyboy" erinnern, eine zu dieser Zeit gebräuchliche Bezeichnung für einen unbeschwert fröhlichen jungen Mann.
Aufgrund eines juristischen Verfahrens wurde aus „Sonny" aber schließlich Sony, eine Marke, die heute weltbekannt ist.
Ihr erstes Produkt sollte ein neuartiger Reiskocher sein, der sich nach Ablauf der Garzeit von selbst ausschalten sollte. Doch diese Erfindung erreichte nie Produktionsreife. Heute bietet Sony allein in Deutschland über 3000 Produkte an.

http://www.sony.de

Spar

1952 gründeten Rolf Knigge, Dr. Franz Weissbecker und Dr. Werner Hagen das erste Spar-Geschäft in Deutschland. In den darauf folgenden Jahren schlossen sich diverse Handelsgeschäfte dem Unternehmen an.

Man gründete eine Handelsvereinigung und leitete die Geschäfte der Marke Spar von einer Zentrale in Amsterdam aus.
Ende der 50er-Jahre schlossen sich diverse regionale deutsche Handelsvereinigungen der Vereinigung Spar an. Das Konzept war so erfolgreich, dass man im gleichen Atemzug auch in den internationalen Handel einstieg.

Das Markenzeichen der Handelskette Spar ist eine stilisierte Tanne. Diese Tatsache veranlasste Spar dazu, nach den verheerenden Waldbränden in der Lüneburger Heide im Jahr 1977 die Deutsche Waldjugend großzügig zu sponsern, die wesentlich an der Wiederaufforstung der Nadelwälder mitwirkte. Heute ist Spar eine der größten Handelsketten in Deutschland.

http://www.spar.de

Steiff

■ Das erste Steiff-Tier wurde 1880 von Margarete Steiff gefertigt. Es handelte sich um einen Elefanten aus Filz, der eigentlich als Nadelkissen dienen sollte. Er fand jedoch so großen Anklang bei Kindern, dass bereits sechs Jahre später über 5000 Stück davon als Spielzeug gefertigt wurden.

Die ganze Familie half beim weiteren Ausbau des Unternehmens. Ab 1892 wurden die ersten Steiff-Puppen produziert, und zehn Jahre später entwickelte ein Neffe von Margarete Steiff einen Spielbären, der nach dem populären amerikanischen Präsidenten und leidenschaftlichen Bärenjäger Theodore Roosevelt benannt wurde und dessen Spitznamen „Teddy“ erhielt.

Seit 1904 ist der Knopf im Ohr das Markenzeichen von Steiff.

http://www.steiff.de

Stern

Die Ursprünge des Magazins Stern liegen in der Jugendzeitschrift Zick Zack, die 1948 von Henri Nannen übernommen und umgestaltet wurde. Er wollte daraus einen „Stern der neuen Hoffnung“ für junge Leser machen, und diese Überlegung bestimmte schließlich die Wahl des Namens für das neue Magazin.
Heute ist der Stern mit einer wöchentlichen Auflage von circa 1,04 Millionen Exemplaren eine der größten Publikumszeitschriften in Deutschland.

http://www.stern.de

Stilke aktuell

■ 1872 gründete Georg Stilke eine kleine Buchhandlung in Berlin. Acht Jahre später erwarb er den Kunstverlag Rudolf Wagner und eröffnete 1882 seine erste Bahnhofsbuchhandlung. Dort verkaufte er vor allem Tageszeitungen und leichte Lektüre. 1901 besaß die Firma Stilke unter Leitung von Hermann Stilke, dem Sohn des mittlerweile verstorbenen Unternehmensgründers, auch Filialen auf den großen Überseepassagierschiffen der Hamburger Reedereien wie zum Beispiel der Hapag-Lloyd (→ Hapag-Lloyd). Stilke eröffnete 1909 die ersten Filialen in den großen Hotels von Hamburg und Berlin. Im Bereich Bahnhofsverkauf baute das Unternehmen seine Position 1910 durch den Erwerb der Gesellschaft der Berliner Trinkhallen weiter aus. Stilke betrieb eine große Zahl von Kiosken in allen größeren Städten und genoss daher einen hohen Bekanntheitsgrad. Im Ersten Weltkrieg richtete das Unternehmen über 350 Frontbuchhandlungen ein. 1924 expandierte Stilke in die USA und eröffnete im New Yorker Roosevelt Hotel eine Buchhandlung. Auch auf den ersten Flughäfen war Stilke von Anfang an vertreten. Heute konzentriert sich Stilke aktuell auf den Bereich Bahnhofsbuchhandlung und unterhält über 60 Filialen.

http://www.stilke.de

Storck

Als August Storck im Jahr 1903 in Werther in Westfalen eine Dampfzuckerwarenfabrik gründete, wurden Süßwaren noch unverpackt und namenlos ab Werk verkauft. In den 30er-Jahren entwickelte August Storck das erste Markenbonbon und begann mit dem Verkauf über die Grenzen der Region hinaus. Es wurde einzeln verpackt und erhielt den Namen Storcks Schokoladenriesen. Seitdem hat Storck viele weitere bekannte Marken entwickelt, wie zum Beispiel Werthers Original, Toffifee, Mamba (→ Mamba), Knoppers (→ Knoppers), Nimm 2 (→ Nimm 2) und Merci (→ Merci). Diese vertreibt der Familienbetrieb heute in über 80 Ländern.

http://www.storck.de

Sunkist

Um 1890 produzierte der Orangenanbau in Kalifornien viel zu viele Früchte für den kalifornischen Markt. Im Osten der USA gab es zwar Millionen potenzieller Käufer, doch mangelte es bis dahin an verlässlichen

Vertriebswegen zwischen West und Ost. Das Ergebnis war ein immenser Ernteüberschuss, der nicht vermarktet werden konnte. Aus diesem Grund bildeten 1893 einige kalifornische Orangenbauern die Southern California Fruit Exchange, meist kurz The Exchange genannt, eine Kooperative, die die Früchte der angeschlossenen Betriebe verarbeitete und vermarktete.
Dass die Kooperative ausschließlich Obstbauern aufnahm und nicht, wie damals üblich, von Früchtehändlern geleitet wurde, garantierte den Bauern faire Einkaufspreise.
Durch Werbekampagnen und geschickte Vermarktung gelang es, die Orange zum Luxusgut zu erklären und die Nachfrage enorm zu steigern.
Die Handelsmarke Sunkist war zunächst eine Bezeichnung für die qualitativ besten Früchte. Diese Qualitätskategorie war jedoch so erfolgreich, dass die Kooperative 1952 den Namen Sunkist zum Bestandteil ihres Firmennamens machte und sich Sunkist Growers nannte. Heute zählt die Kooperative 6500 Mitglieder und vermarktet mehr als die Hälfte der Zitrusfrüchte aus Kalifornien und Arizona.

http://www.sunkist.com

TABAC ORIGINAL

■ 1951 brachte die Firma Mäurer + Wirtz eine hochwertige parfümierte Seife für Herren mit dem Namen Tabac auf den Markt – damals ein begehrter Luxusartikel.

Um sich von der Konkurrenz abzusetzen, erhielt der Markenname 1952 den Zusatz Original. Mit der Einführung von After Shave Lotion, Pre Electric Shave und einem Eau de Cologne begann 1959 der endgültige Siegeszug.

Bis heute ist Tabac Original die erfolgreichste Herrenduftserie auf dem deutschen Markt.

▪ ▪ ▪ ▪ ▪ ▪ ▪ ▪ ▪ ▪ **http://www.tabac-original.de**

Taft

1937 kam der erste Glanzlack für das Haar – Schwarzkopf Glanzlack – auf den Markt. Er bestand aus alkoholisch gelöstem Schnelllack und wurde mithilfe von Gummiballzerstäubern über die fertige Frisur gesprüht, wodurch eine gleichmäßige Feinverteilung aber nicht möglich war. Die Frisuren verklebten. Anfang der 50er-Jahre wurden in Amerika die ersten Aerosole patentiert. Schwarzkopf griff diese Technik auf und entwickelte das erste Haarspray auf Aerosolbasis in Europa. Die Namensfindung für das Produkt nahm einen besonderen Stellenwert ein, war es doch eine echte Neuentwicklung. Der Name musste auch die Wirkungsweise des Produktes erklären, also die Assoziation „flüssiges Haarnetz“ transportieren. Der Name „Taft“ kam aus der Modewelt und bezeichnete dort einen Stoff aus Seide oder Kunstfasern, der sich durch besondere Festigkeit und einen schönen Glanz auszeichnet. Der Name besaß außerdem eine lautmalerische Qualität, in ihm klang das Geräusch des Aufsprühens des Haarsprays mit. Seit 1954 ist der Name Taft geschützt.

http://www.taft.de

Tempo

1929 brachten die Vereinigten Papierwerke Nürnberg ein neues Produkt auf den Markt – das Papiertaschentuch Tempo. Seine Kombination von Hygiene und Komfort verhalf ihm zum durchschlagenden Erfolg. Außerdem wurden immer wieder neue Ideen zur schnellen Entfaltung des Taschentuchs entwickelt. Seit 1975 garantiert die Z-Faltung eine schnelle und einfache Handhabung von Tempo.

Die wieder verschließbare Verpackung, die schon 1953 entwickelt worden war, erhöhte noch den Komfort des Taschentuches.

Heute ist Tempo aufgrund ausgezeichneter Produktqualität und Marketingarbeit zum Gattungsbegriff für Papiertaschentücher allgemein geworden.

http://www.tempo-web.de

Tengelmann

1867 gründeten die Eheleute Wilhelm und Louise Schmitz, geborene Scholl, die Firma Wilh. Schmitz-Scholl. Der kleine Betrieb spezialisierte sich zunächst auf den Import und die Veredelung von Kaffee, Tee und Kakao. Unter dem Namen ihres Prokuristen Emil Tengelmann eröffneten die Söhne des Gründerpaares 1893 in Düsseldorf das erste Einzelhandelsgeschäft, aus dem bald eine ganze Einzelhandelskette wurde. Kaffee aus eigener Röstung, Genuss- und Nahrungsmittel sowie später auch Süßwaren gehörten zum Angebot.

Zahlreiche Fabrikationsstätten versorgten die Läden mit Schokolade, Kakao, Zuckerwaren, Puddingpulver, Keksen und Wein. Später wurden alle Tengelmann-Märkte auf Selbstbedienung umgestellt.

http://www.tengelmann.de

Tesa-Film

1935 gelang es im Haus Beiersdorf nach vielen vergeblichen Versuchen, ein transparentes Klebeband zu entwickeln, das anfangs unter dem Namen Beiersdorf Klebefilm vertrieben wurde.
Der Name Tesa war ursprünglich der Spitzname der Sekretärin des Firmengründers Carl Paul Beiersdorf, Elsa Tesmer, gebildet aus den Anfangsbuchstaben ihres Nachnamens und den Endbuchstaben ihres Vornamens. Unter dem Namen Tesa wurden zunächst andere Produkte des Unternehmens wie zum Beispiel Konservierungsmittel vertrieben.
Schon bald verwendete man den Namen jedoch für das neu entwickelte Klebeband: Tesa Klebefilm. 1941 verkürzte man den Markennamen zu dem heute bekannten Tesafilm. Die Tesaproduktfamilie wurde mittlerweile auf über 800 Artikel ausgeweitet.

http://www.tesa.de

Tipp-Ex

■ Zu Beginn der 60er-Jahre des vergangenen Jahrhunderts wurde in Frankfurt am Main ein beschichteter Papierstreifen erfunden, mit dem sich Fehler im maschinengeschriebenen Text durch nochmaliges Anschlagen des betreffenden Buchstabens auf der Schreibmaschine rasch und sauber abdecken ließen.

Als Name für Produkt und Firma wählte man Tipp-Ex, also einen sprechenden Namen, der den Nutzen des Artikels unmittelbar ablesen ließ. Seit der zweiten Hälfte der 60er-Jahre gibt es Tipp-Ex auch als flüssiges Korrekturmittel: Fehler können nun auf allen möglichen Schriftstücken getilgt werden.

In den 70er-Jahren kamen zusätzlich Varianten auf Lösungsmittel- und Wasserbasis in den Handel, da der expandierende Markt der Fotokopiebranche dies erforderte.

http://www.bicworld.com

Toblerone

1908 suchten der Schokoladenfabrikant Theodor Tobler und sein Cousin und Fabrikationsleiter Emil Baumann nach einem neuen Produkt, um Torrone, den weißen Nougat, den Emil Baumann auf einer Reise ins Elsaß kennen gelernt hatte – eine Süßigkeit, bestehend aus Mandeln, Honig und Zucker –, für ihre Produktion zu nutzen. Das Ergebnis war eine Milchschokolade mit Honig und Mandel-Nougat, die sie Toblerone nannten.
Dieser Name entstand durch die Kombination des Familiennamens Tobler und der Bezeichnung Torrone. Zum Schutze des Produktes wurde der Name ein Jahr später angemeldet. Zu der typischen Produktform wurde Theodor Tobler durch eine Tanzvorführung im berühmten Pariser Folies Bergères inspiriert, bei der die Tänzerinnen eine menschliche Pyramide bildeten.

http://www.toblerone.de

Trumpf

■ Im Jahr 1932 gründete Walter Girgner in Berlin die Firma TRUMPF-Blusen-Kleider GmbH & Co. KG. Bis zum Beginn des Zweiten Weltkrieges hatte sich sein Unternehmen mit der Marke TRU blouse zum größten Blusenhersteller in Deutschland entwickelt, während des Krieges wurden die Produktionsanlagen jedoch vollständig zerstört. Man baute nach dem Krieg zwar die alten Anlagen wieder auf, musste aber bereits 1948 in München eine weitere Fertigungsanlage eröffnen, da die schwierige Versorgungssituation im eingekesselten Westberlin der Nachkriegszeit das Geschäft schädigte. In den 90er-Jahren weitete Trumpf seinen Marktbereich auf ganz Europa aus und gehört heute mit seiner Marke TRU zu einem der bedeutendsten Hersteller für Blusen in Europa.

http://www.trumpf.de

TUI

Tui ist die Abkürzung für Touristik Union International. Die Wurzeln des Unternehmens, das 1968 durch den Zusammenschluss dreier mittelständischer Reiseveranstalter entstand, reichen bis ins Jahr 1928 zurück. Damals gründeten Hubert und Maria Tigges die Dr. Tigges-Fahrten.

1951 entstand das Unternehmen Touropa, und 1953 wurden Hummel Reisen und Scharnow Reisen gegründet. Am 1.12.1968 schlossen sich diese Unternehmen zur Touristik Union International zusammen.

http://www.tui.de

UFA

Die UFA (Universum Film AG) wurde 1917 in Potsdam gegründet und blieb bis heute die wichtigste Produktionsgesellschaft im deutschen Film. Filme wie zum Beispiel „Metropolis“, „Der blaue Engel“ oder „Die Feuerzangenbowle“ mit Schauspielern wie Marlene Dietrich, Hans Albers oder Heinz Rühmann machten das Unternehmen berühmt. Nach dem Zweiten Weltkrieg wurde die UFA aufgrund der Teilung Deutschlands zerschlagen. In der DDR gründete man die DEFA, und in der Bundesrepublik wurde, allerdings erst zehn Jahre später, im Jahr 1956 die UFA neu gegründet.

Bereits 1964 wurde diese von der Bertelsmann AG übernommen und realisiert seitdem die unterschiedlichsten Filmprojekte für Kino und Fernsehen. 1996 und

1997 wurden zahlreiche Produktionen der UFA mit Preisen ausgezeichnet, so zum Beispiel der Film „Der Sandmann" mit Götz George mit dem Grimmepreis.

Heute produziert die UFA pro Jahr etwa 900 Programmstunden im Auftrag verschiedener deutscher Fernsehsender.

http://www.ufa.de

UHU

1932 glückte dem Büroartikelfabrikant August Fischer nach etlichen Versuchen die Entwicklung eines gebrauchsfertigen, glasklaren Klebstoffs auf Kunstharzbasis. Dieser konnte alle damals bekannten Materialien schnell und dauerhaft miteinander verbinden, ohne dass man die Klebestellen sah. Der erste Alleskleber für den

Haushalt war erfunden. Noch im selben Jahr wurde der Klebstoff, abgefüllt in jener gelben Tube, in der er bis heute verkauft wird, auf den Markt gebracht.
Das Wappen der Stadt Bühl im Schwarzwald, dem Firmensitz, das einen Uhu zeigt, stand bei der Namensgebung Pate. UHU ist seitdem zum Gattungsbegriff und Synonym für Klebstoffe aller Art geworden.

http://www.uhu.de

Uncle Ben's

■ 1943 erhielt ein besonders hochwertiger Reis des Unternehmens Converted Rice Inc. in Houston, USA, einen neuen Namen: Uncle Ben's. Dieser Markenname geht auf einen legendären farbigen Reisbauern namens Uncle Ben zurück, der in der Gegend um Houston seine

Reispflanzen mit besonders viel Liebe und Sorgfalt gepflegt und dadurch einen Reis erzeugt haben soll, der in Texas und darüber hinaus seinesgleichen suchte. Für das bekannte Gesicht auf der Packung stand ein guter Freund des Unternehmensgründers Gordon L. Harwell Porträt: Frank Brown, Maître d'Hotel eines Chicagoer Restaurants.

http://www.unclebens.com

Underberg

1846 entwickelte Hubert Underberg einen besonderen Kräuter-Digestif und brachte ihn unter dem Namen Underberg auf den Markt. Das Produkt besteht bis heute aus einer Vielzahl von Kräutern aus insgesamt 43

Ländern und gilt als sehr bekömmlich. Seit den 40er-Jahren des 20. Jahrhunderts wird Underberg nur noch in der Portionsflasche vermarktet.

http://www.underberg.de

UPS

1907 wurden private Pakete von der amerikanischen Post nicht transportiert. Haushalte mussten Pakete also selbst überbringen, und ein Großeinkauf war nur dann möglich, wenn man die Pakete selbst transportierte. Der damals 19-jährige James Casey erkannte dieses

Problem und eröffnete in Seattle mit ein paar Freunden in einem winzigen Kellerbüro die American Messenger Company.

Der angebotene Service bestand darin, Waren, die die Kunden in der Stadt gekauft hatten, zu ihnen nach Hause zu liefern. Im harten Konkurrenzkampf konnte sich Caseys Firma in den Folgejahren immer wieder durchsetzen. Bereits 1918 waren die drei größten Fachgeschäfte in Seattle Kunden von James Casey, der mittlerweile mit einigen Konkurrenten fusioniert hatte. Die 20er- und 30er-Jahre waren geprägt von der ständigen Expansion des Unternehmens, welches jetzt auch in Kalifornien, in Oakland und Los Angeles, tätig war. Der Name United Parcel Service (UPS) wurde eingeführt, und alle UPS-Autos wurden einheitlich braun gestrichen.

Nach dem Zweiten Weltkrieg musste sich UPS grundlegend umstellen, da nun die Mehrheit der Bevölkerung selbst motorisiert und auf einen Heimlieferservice nicht mehr angewiesen war. UPS erwarb deshalb das Recht, nicht nur Heimlieferservice, sondern auch Postservice anzubieten. Dadurch trat das Unternehmen in den direkten Konkurrenzkampf mit der Post.

Seit 1988 besitzt UPS, nachdem das Unternehmen Luftpost jahrelang durch Frachtfluggesellschaften transportieren lassen musste, eine eigene Airline. Weltweit liefert UPS heute täglich über 12,4 Millionen Pakete und Briefe an über 1,6 Millionen fester Kunden aus. Hinzu kommen 1,8 Millionen Pakete und Dokumente, die pro Tag per Luftfracht transportiert werden.

http://www.ups.com

Vaillant

1874 gründete der Installateur Johann Vaillant in Remscheid einen Meisterbetrieb. 1894 entwickelte er den ersten Gas-Badeofen. Bis zu dieser Erfindung musste das Wasser für ein Bad in Töpfen auf dem Ofen erhitzt werden. Nicht selten war das Wasser wieder kalt, ehe die Wanne voll war. 1899 wurde der Hase als Markenzeichen eingetragen, der auch heute noch, wenn auch in verändertem Design, das Firmenlogo darstellt. 1924 entwickelte Vaillant einen Zentralheizungskessel, der sowohl warmes Wasser als auch Wohnwärme lieferte. Heute ist Vaillant einer der führenden Heizungssystemhersteller in Europa.

http://www.vaillant.de

Valensina

Rolf H. Dittmeyer gründete 1955 die Edeka Fruchtkontore und schaffte damit die erste Frischfruchtorganisation des deutschen Lebensmittelgroßhandels. Vorher bezog der Einzelhandel frische Früchte ausschließlich über Großmärkte. 1960 machte sich Rolf H. Dittmeyer mit einem Unternehmen zur Produktion von

Apfelsinensaft in Hamburg selbstständig. Unter der Marke „Valensina“ ließ er 1967 Zitrussäfte erstmals in 1-Liter-Flaschen abfüllen. 1972 bis 1984 war Rolf H. Dittmeyer Exklusivlieferant der Olympischen Spiele in München, Montreal, Moskau und Sarajevo. 1976 pflanzte er die größte europäische Apfelsinenplantage an der spanischen Atlantikküste. Nach einem Hörsturz im Alter von 63 Jahren verkaufte Dittmeyer sein Unternehmen im Jahr 1984 schweren Herzens an die Unternehmensgruppe Procter & Gamble.
1998 kaufte er sein Unternehmen jedoch zurück und baute eine moderne Saftproduktion im Europahafen Bremen auf.

▪ ▪ ▪ ▪ ▪ ▪ ▪ ▪ ▪ ▪ ▪ ▪ **http://www.valensina.de**

Valser

▪ 1960 entdeckte Donald M. Hess im Valsertal in der Schweiz die St.-Peters-Quelle. Nur ein Jahr später wurden bereits die ersten Flaschen des Mineralwassers abgefüllt und über einen Heimlieferservice vertrieben. Heute produziert Valser 110 Millionen Liter pro Jahr und hat in der Schweiz einen Marktanteil von 16 Prozent. Valser-Mineralwasser kommt aus 1000 Metern Tiefe und ist von gleich bleibender Qualität. In diesem Sinne ist auch der Slogan zu verstehen: Alles wird besser – Valser bleibt gut.

http://www.valser.ch

VARTA

VARTA ist die Abkürzung für Vertrieb, Aufladung, Reparatur Transportabler Akkumulatoren und wurde zu

Beginn des 20. Jahrhunderts als Tochterunternehmen der AFA, der Akkumulatorenfabrik Aktiengesellschaft, in Berlin gegründet. In den 20er-Jahren kaufte das Unternehmen verschiedene Elektrofabriken in Deutschland auf und erschloss sich damit neue Märkte. Schon bald deckte VARTA alle Gebiete der Batterietechnik mit seinen Produkten ab. VARTA ist heute der führende Batteriehersteller der Welt.

http://www.varta.de

Vitakraft

1837 gründete die Familie Wührmann in Heiligenrode ein ländliches Handelsunternehmen.
Erst 1929, das Unternehmen wurde mittlerweile in der vierten Generation von der Familie Wührmann geführt,

wurde die Dachmarke Vitakraft entwickelt, unter der die ersten industriell hergestellten Futtersorten vertrieben wurden.

Nachdem im Zweiten Weltkrieg sämtliche Produktionsstätten zerstört worden waren, begann man 1946 mit dem Wiederaufbau und setzte dabei in der Produktion und im Marketing neue Schwerpunkte.

Heute ist Vitakraft international tätig und hat eine umfangreiche Produktpalette, die vor allem bei Haustierbesitzern sehr bekannt ist.

http://www.vitakraft.de

VIVIL

Bereits seit 1903 gibt es das Pfefferminzbonbon Vivil; auf den Markt gebracht wurde es von der Straßburger Firma A. Müller & Co.

Von Anfang an wurde das Produkt auch exportiert, so in weite Teile Europas und, 1908, in die USA. Vivil, eine Kombination des lateinischen Verbs „vivere“, deutsch „leben“, und des englischen Wortes für „Öl“, „oil“, bedeutet so viel wie „Lebensöl“. Die darin enthaltenen ätherischen Öle der Pfefferminze haben einen kühlenden Effekt und erfrischen den Atem.
Heute ist dieser Markenname 90 Prozent der Deutschen bekannt.

http://www.vivil.de

Volkswagen

In den 30er-Jahren des 20. Jahrhunderts waren Autos für die breite Masse der Bevölkerung noch uner-

schwinglich. Mit dem von ihm konstruierten Volkswagen wollte Ferdinand Porsche daher ein Automobil schaffen, das für große Bevölkerungsschichten finanzierbar war. Am 17.1.1934 legte er der nationalsozialistischen Reichsregierung sein Konzept vor. Es wurde angenommen und mit 20 000 Reichsmark pro Monat unterstützt. Der erste Prototyp wurde 1935 in einer geheimen Werkstatt gefertigt. Doch kein Automobilunternehmen war bereit, diesen Prototyp in Serie zu produzieren, da alle aufgrund der staatlichen Unterstützung für das Projekt politische Einflussnahme fürchteten. Es musste also ein eigenes Volkswagenwerk geschaffen werden. Man entschied sich für den Standort Fallersleben.
1938 wurde die GeZuVor, die Gesellschaft zur Vorbereitung des deutschen Volkswagens mbH, umbenannt in Volkswagenwerk GmbH und unter diesem Unternehmensnamen in das Handelsregister eingetragen. Im selben Jahr konnte der Prototyp der Öffentlichkeit vorgestellt werden. Von der New York Times ironisch als „Beetle" bezeichnet, wurde die deutsche Übersetzung „Käfer" sehr schnell populär. Bevor der berühmte Käfer jedoch in Serie gehen konnte, brach der Zweite Weltkrieg aus, und die Produktion der Volkswagenwerk GmbH wurde auf militärische Fahrzeuge umgestellt. Erst 1943 konnte man eine Serie des Käfers fertig stellen,

doch der Mangel an Treibstoff machte das Auto nahezu unbrauchbar.

Nach dem Krieg übernahmen zunächst die Alliierten die Kontrolle über das Volkswagenwerk. Die ersten dort produzierten Wagen wurden 1946 als Reparation an die Alliierten ausgeliefert oder wurden Institutionen wie dem Roten Kreuz oder der Post übergeben. Kaufen konnte man den Käfer zu diesem Zeitpunkt noch nicht. Dennoch beschäftigte das Unternehmen schon 1948 über 8000 Arbeiter.

Am 6.9.1949 übertrugen die Alliierten die Kontrolle über das Volkswagenwerk wieder an die Bundesregierung. Es begann die globale Expansion von Volkswagen. In den 50er-Jahren wurden Vertriebsgesellschaften in Kanada, Brasilien, Australien und den USA gegründet, und es wurde der 1 000 000ste Volkswagen produziert. Als 1969 die Konkurrenten Audi und NSU zur Audi NSU Auto Union AG verschmolzen, hielt Volkswagen 59,9 Prozent der Aktienanteile.

In den 70er-Jahren überholte der Käfer das Ford-T-Modell als das meistverkaufte Auto der Welt, und die neuen Volkswagen Polo und Golf wurden präsentiert. Von 1978 bis 2003 wurde der Käfer nur noch in Mexiko produziert, wo am 23.6.1992 das 21 000 000ste Exemplar vom Band lief. Volkswagen hat seither zahlreiche Tochtergesellschaften auf der ganzen Welt gegründet und mit anderen Autoherstellern wie zum Beispiel Seat oder Skoda fusioniert. In den 90er-Jahren führte Volkswagen die 4-Tage-Woche ein und gründete ein Gemeinschaftsprojekt mit Dead Sea Works in Israel zur Herstellung und Vermarktung von Magnesium. Seit das Unternehmen 1998 um die Marken Bentley, Bugatti, Lamborghini und Rolls-Royce ergänzt wurde, ist es auch im Bereich der Limousinen und Luxuswagen tätig.

http://www.volkswagen.de

Volvo

VOLVO

Die 20er-Jahre des 20. Jahrhunderts brachten im Automobilsektor einen entscheidenden Durchbruch. Automobile wurden für breitere Bevölkerungsschichten erschwinglich und gehörten bald zum Alltag auf den Stra-

ßen der europäischen und US-amerikanischen Großstädte. Eine Automobilausstellung in Göteborg weckte auch das schwedische Interesse für Autos. So wurden 1920 bereits 12 000 Autos pro Jahr nach Schweden exportiert. Assar Gabrielsson, der als Geschäftsmann in Frankreich tätig war, machte dort die Erfahrung, dass schwedische Industrieprodukte aufgrund der geringeren Werkstattkosten billiger angeboten werden konnten als beispielsweise Produkte von US-amerikanischen Firmen. Gabrielsson wollte diesen Vorteil nutzen und plante, gemeinsam mit dem Ingenieur Gustaf Larson, eine schwedische Automobilfabrik zu gründen. 1926, nachdem sie ein Konstruktionsteam zusammengestellt und ihre ersten Entwürfe zu Papier gebracht hatten, konnten sie jedoch keine Investoren von ihrem Projekt überzeugen. Deshalb entschlossen sie sich, zunächst zehn Testwagen zu fertigen, um diese potenziellen Investoren präsentieren zu können. Diese Strategie erwies sich als erfolgreich. Nach Fertigstellung der Testwagen konnten Finanziers für die jeweils erste Serie von 500 geschlossenen und 500 offenen Pkws gewonnen werden.
So wurde das Unternehmen schließlich am 14.4.1927 gegründet und erhielt den Namen Volvo, der aus dem Lateinischen stammt und „Ich rolle" bedeutet.

http://www.volvo.de

Vorwerk

Das Familienunternehmen Vorwerk & Co. existiert seit 1883 und war zunächst ein reines Textilunternehmen. 1908 erweiterte man den Betrieb um eine Maschinenfabrik, in der 1929 aus der Not der Wirtschaftskrise heraus ein Handstaubsauger entwickelt wurde.

Doch das neu entwickelte Modell Kobolt wurde auf dem Markt nicht angenommen. Wegen seiner geringen Größe zweifelten die Kunden offensichtlich an seiner Saugleistung, daher blieb der neue Handstaubsauger ein Ladenhüter.

Der damalige Unternehmensleiter August Mittelsten Scheid wagte in dieser Situation eine wichtige Innovation: Er führte den Direktvertrieb ein, den sein Sohn Werner Scheid in den USA kennen gelernt hatte. Der Kobolt wurde von nun an ausschließlich an der Haustür verkauft. Die Vertreter konnten viele Kunden, trotz ihrer anfänglichen Vorurteile gegenüber dem kleinen Gerät, von seiner Leistungsfähigkeit überzeugen, und innerhalb weniger Jahre wurde der Kobolt zum meistverkauften Staubsauger in Deutschland.

http://www.vorwerk.de

Wagner

Die Wagner Tiefkühlprodukte GmbH wurde 1969 durch den Bäckermeister Ernst Wagner gegründet. Er konzentrierte sich auf die Produktion von Tiefkühlpizzen. 1985 erfand Ernst Wagner einen speziellen Steinbackofen, in dem hitzespeicherndes Vulkangestein es ermöglichte, die Pizzaböden bei circa 400 Grad Celsius schonend vor- und auszubacken. Das Ergebnis war ein besonders dünner, knuspriger Boden. Ziel aller Innovationen des Unternehmens war: Die industriell hergestellte Tiefkühlpizza sollte es in Geschmack und Qualität mit einer Pizza aus einer Pizzeria aufnehmen können. Wagner war jedoch auch der erste Anbieter von Tiefkühlpizzen amerikanischer Art in Deutschland. Heute ist Wagner einer der bekanntesten Hersteller für Tiefkühlpizzen in Deutschland.

http://www.wagnerpizza.de

Wasa

1919 begann Karl Edvard Lundström mit der Produktion von Knäckebrot in der Skelleftea Spisbrödsfabrik in Skelleftea, Nordschweden, und baute sie innerhalb von neun Jahren zur größten Nahrungsmittelproduktionsstätte Nordschwedens aus.

1932 zerstörte eine Explosion den Holzbackofen des 1931 erworbenen zweiten Werkes in Filipstad, der daraufhin durch einen elektrischen Backofen ersetzt wurde. Diese technische Neuerung führte zu einer völlig neuen Art von Knäckebrot, das 1933 unter dem Namen Husman auf den Markt kam. Es sollte sich zum meistverkauften Knäckebrot Schwedens entwickeln. Zu dieser Zeit vertrieb die Fabrik in Skelleftea bereits ein Knäckebrot mit dem Namen Wasa. Namenspate war Gustav Wasa, der erste König der modernen schwedischen Geschichte, der Schweden 1523 von der Herrschaft der Dänen befreit hatte. Ein Abbild des Königs war auch auf der Packung zu sehen. K. E. Lundström benannte nun auch die Fabrik in Filipstad nach diesem schwedischen Herrscher, sie hieß nun AB Wasa Spisbrödsfabrik. Das Werk ist noch heute die größte Knäckebrotfabrik der Welt.

http://www.wasa.de

Wick

1890 litt der Sohn des Apothekers Lunsford Richardson aus Greensboro, North Carolina, USA, unter heiserem Husten. Um diese Beschwerden zu lindern, erfand L. Richardson eine Salbe, die unter anderem Menthol, Eukalyptusöl und Kampfer enthielt. Diese Erkältungssalbe wurde als Wick Vapo Rub weltberühmt. Seit 1954 ist Wick als Zweigniederlassung der Procter & Gamble Company auch in Deutschland vertreten.

http://www.wick.de

Wilkinson

1772 eröffnete Henry Nock, einer der renommiertesten Büchsenmacher seiner Zeit, eine Werkstatt in London und erhielt 1804 von König George III. die Würde des offiziellen Hoflieferanten. 1805 erbte sein ehemaliger Lehrling und späterer Schwiegersohn James Wilkinson den Betrieb.

Dessen Sohn Henry baute die Produktpalette weiter aus, zum Beispiel durch die Produktion von Schwertern. 1879 firmierte das Unternehmen unter dem bis heute bekannten Namen The Wilkinson Sword Co. Ltd. Ende des 19. Jahrhunderts konzentrierte sich das Unternehmen auf die Herstellung von Rasiergeräten, und 1898 wurde der erste Sicherheitsrasierer namens Pall Mall auf den Markt gebracht.

http://www.wilkinson.de

Wodka Gorbatschow

Leontowitsch Gorbatschow, Betreiber einer Wodkadestillerie in St. Petersburg, flüchtete 1917 mit seiner Familie vor der Oktoberrevolution nach Berlin. Im Exil begann die Familie Gorbatschow 1921, zunächst für den Eigenbedarf, wieder Wodka nach ihren gut gehüteten Spezialrezepten herzustellen. Heute ist Wodka Gorbatschow eine der meistgetrunkenen Wodkasorten in ganz Deutschland.

http://www.wodka-gorbatschow.de

Wrigley's

1891 ließ sich der 29-jährige William Wrigley junior aus Philadelphia in Chicago nieder, um dort ein eigenes Geschäft aufzubauen. Er hatte sich bereits als talentierter Handelsreisender für das Unternehmen seines Vaters, eines Seifenherstellers, hervorgetan. Auch in Chicago begann er mit dem Verkauf von Wrigley's Scheuerseife. Als kostenlose Beigabe beim Kauf der Seife bot er seinen Kunden unter anderem Backpulver an. Als sich zeigte, dass das Backpulver seitens der Kunden besser angenommen wurde als die Seife, widmete er sich gänzlich diesem Geschäft. 1892 offerierte er dann seinen Kunden beim Kauf einer Dose Backpulver zwei Päckchen Kaugummi als Prämie. Wieder einmal versprach die Prämie mehr Erfolg als das eigentliche Produkt, und so wandte sich William Wrigley dem Kaugummigeschäft zu. Seine beiden ersten eigenen Marken hießen Lotta und Vassar. Die berühmten Sorten Wrigley's Spearmint und Juicy Fruit wurden 1893 entwickelt.

http://www.wrigley.com

XEROX

1906 wurde in Rochester, New York, USA, die Haloid Company gegründet, ein Unternehmen, das Fotopapier produzierte und vertrieb.
Im gleichen Jahr wurde Chester Carlson geboren, der 32 Jahre später in einem Labor in Queens die erste Fotokopie herstellen sollte. 1947 kaufte die Haloid Com-

pany die Rechte an diesem Patent und entwickelte die Idee weiter. Bereits zwei Jahre später wurde das erste Kopiergerät, das Modell A, vorgestellt.
Doch der Durchbruch gelang erst mit dem ersten vollautomatischen Bürokopierer, der 1959 auf den Markt gebracht wurde. Der Erfolg veranlasste das Unternehmen dazu, sich die Rechte an dem Verfahren weltweit zu sichern und international zu werden.
Zu diesem Zeitpunkt änderte das Unternehmen auch seinen Namen und firmierte jetzt als Xerox Corporation. Seitdem ist Xerox in immer mehr Bereichen der Büroelektronik tätig und zu einem der führenden Hersteller für Druck- und Kopiertechnologie geworden.

http://www.xerox.de

Yahoo!

Im Februar 1994 begannen die Studenten David Filo und Jerry Yang an der Stanford University, USA, eine einfache Link-Liste mit dem Titel „Jerry's Guide of the World Wide Web“ anzulegen. Dort sammelten sie die Adressen aller Webseiten, die sie besucht hatten und die ihrer Meinung nach nützlich waren. Die Liste wuchs sehr schnell, und die beiden Studenten verwendeten bald mehr Zeit darauf, Kategorien und Unterkategorien anzulegen und die Links zu sortieren, als für ihre Dissertation. Da es zu dieser Zeit noch keine Möglichkeit gab, Webseiten zu einem bestimmten Thema im Internet zu suchen – man musste die exakte Schreibweise einer Webadresse kennen –, wurde die Linksammlung von David Filo und Jerry Yang schnell über die Grenzen der Universität hinaus bekannt. Im Herbst 1994 konnte sie unter dem Namen Yahoo! erstmals eine Million Zugriffe an einem Tag verzeichnen.

1995 machten die beiden aus ihrem sehr erfolgreichen Hobby ein Geschäft und gründeten mithilfe von Venture-Capital-Gebern aus Silicon Valley ein Unternehmen. Heute benutzen über 219 Millionen Menschen pro Monat den Service Yahoo!, um passende Internetseiten zu bestimmten Stichworten zu finden. Yahoo! ist damit der reichweitenstärkste Internetdienst weltweit.

http://www.yahoo.de

YAMAHA

Während in Europa Klaviere und Orgeln im 19. Jahrhundert schon seit langer Zeit zu den Standardinstrumenten gehörten, interessierte sich in Japan erst 1887 Torakusu Yamaha für die Tasteninstrumente und baute die erste Orgel. Zehn Jahre später wurde er Präsident des Unternehmens Nippon Gakki und begann in den folgenden Jahren mit der Produktion von Klavieren und Flügeln. Ab 1932 baute das Unternehmen auch große

Kirchenorgeln. In den 50er-Jahren stieg das Unternehmen unter der Leitung von Genichi Kawakami in die Hi-Fi- und Motorradproduktion ein und gründete Filialen in der ganzen Welt.
Zu Ehren des Konzerngründers wurde das Unternehmen jetzt Yamaha genannt. Im Jahr 1976 kam dann noch die Produktion von Keyboards und E-Pianos hinzu. Heute produziert Yamaha Möbel und Computer, Trompeten und Hi-Fi-Anlagen, Roboter und Motorräder ... Die Produktpalette ist außergewöhnlich breit.

http://www.yamaha.de

Yello-Strom

Der Bekanntheitsgrad von Yello-Strom liegt in Deutschland bei über 98 Prozent – und das, obwohl das Unternehmen erst 1999 gegründet wurde. Der Erfolg von Yello-Strom ist einer geschickt angelegten Werbekampagne zu verdanken. Schon vor der tatsächlichen Aufnahme der Unternehmenstätigkeit konnte man in ganz Deutschland Plakate sehen mit dem Satz „Also ich glaube, Strom ist gelb“.

Mit der Freigabe des deutschen Strommarktes im August 1999 konnte Yello-Strom, ein Tochterunternehmen der EnBW (Energie Baden-Württemberg), dann in Konkurrenz zu den großen Stromkonzernen gehen und zählte im Januar 2000 bereits 200 000 Neukunden. Einzigartig war auch die türkischsprachige Kampagne, mit der Yello-Strom die über 600 000 türkischen oder türkischstämmigen Haushalte in Deutschland direkt angesprochen hat. Yello-Strom ist mit 700 000 Kunden Marktführer unter den neuen Stromanbietern.

http://www.yellostrom.de

YTONG

Im Jahr 1879 wurde in Kumla in Schweden die YXHULTStenhuggeri Aktienbolag gegründet, um die riesigen Kalksteinvorkommen nahe dem Ort Yxhult abzubauen.

1928 kaufte das Unternehmen die Rechte an einem neuartigen Produktionsverfahren für Gasbeton von Axel Eriksson und begann ein Jahr später überaus erfolgreich mit der Produktion.

Das geringe Gewicht bei hoher Stabilität und die leichte Verarbeitbarkeit verhalfen dem Gasbeton zu großer Popularität. Um sich von konkurrierenden Unternehmen abheben zu können, kreierte man dafür den Markennamen Ytong.

http://www.ytong.de

Zeiss

1846 eröffnete Carl Zeiss in Jena eine Werkstatt für Feinmechanik und Optik und begann mit der Produktion von Mikroskopen. Durch seine Zusammenarbeit mit Ernst Abbe, der eine Methode zur Berechnung der Mikroskopoptik entwickelte, konnte Zeiss seine Mikroskope deutlich verbessern. Im Jahr 1884 gründeten Otto Schott, Ernst Abbe, Roderich Zeiss und Carl Zeiss das Jenaer Glaswerk Schott und Genossen. Fünf Jahre später wurde die Carl-Zeiss-Stiftung ins Leben gerufen, die einige Jahre später zur alleinigen Eigentümerin des Werks werden sollte. Anfang des 20. Jahrhunderts entwickelten die Jenaer Glaswerke verschiedene optische Geräte, wie zum Beispiel eine Fernrohrbrille für hochgradig Kurzsichtige, Ferngläser, medizinische Mikroskope und den ersten Projektor für ein Projektionsplanetarium. Nach dem Zweiten Weltkrieg waren große Teile der Jenaer Werke zerstört. Im Zuge der Verschärfung der Spannungen zwischen Russland und den westlichen Alliierten nahmen amerikanische Truppen 1945 126 Führungskräfte und Wissenschaftler aus Jena mit in die westliche Besatzungszone. Diese nahmen ihre Arbeit in Baden-Württemberg in den Optischen Werken Oberkochen wieder auf. Die beiden Werke der Carl-Zeiss-Stiftung in Jena, Zeiss und Schott, wurden 1948 in Staatsbetriebe umgewandelt. Von nun an gingen die Zeiss-Unternehmen der Bundesrepublik Deutschland und in der Deutschen Demokratischen Republik getrennte Wege. Sie weiteten ihre Tätigkeitsfelder weiter aus auf Laser-Mikroskope, Teleskope und optische Operationsgeräte. In allen Bereichen gelangen den Unternehmen immer wieder bahnbrechende Neuerungen. Die politische Wende in der DDR bedeutete auch eine Wende für die Zeiss-Unternehmen in Ost und West. Bereits im Jahr 1990 erklärten sie, sich wieder unter dem Dach der Carl-Zeiss-Stiftung zusammenzuschließen und gleichzeitig jedoch beide Firmensitze, Jena und Heidenheim (Baden-Württemberg), beibehalten zu wollen und ihnen verschiedene Aufgabenbereiche zukommen zu lassen.

http://www.zeiss.de

Zentis

1893 gründete Franz Zentis in Aachen ein Kolonialwarengeschäft. Um 1900 versuchte er sich erstmals an der Konfitürenproduktion. Er nannte seine Konfitüre aus getrockneten Aprikosen und Zucker FAMOS – eine Abkürzung für Feinste Aprikosen-Marmelade ohne Sirup. Dieser Markenartikel wurde schnell bekannt und beliebt, so dass man 1930 den Lebensmittelhandel einstellen und sich voll auf die Herstellung von Konfitüre konzentrieren konnte.
Heute stellt Zentis Konfitüren, süße Cremes sowie Schokoladen- und Marzipanprodukte für Endverbraucher sowie Fruchtzubereitungen für die Milch- und Backwarenindustrie her.

http://www.zentis.de

Zewa

Der Name Zewa ist eine Abkürzung für Zellstofffabrik Waldhof in Mannheim. Im Bereich Küchentücher ist Zewa Marktführer in Deutschland. So wurden 1998 über 65 Millionen Küchenrollen verkauft, und es wurde ein Bekanntheitsgrad von 89 Prozent erreicht.

Aber auch im Bereich Toilettenpapier ist Zewa trotz steigender Anbieterzahlen Marktführer und konnte seine Verkaufsmenge im Jahr 1999 um 12,7 Prozent steigern.

Ein deutscher Haushalt verbraucht im Durchschnitt sechs Rollen Toilettenpapier mit einer durchschnittlichen Rollenlänge von 28 Metern im Monat.

http://www.zewa.de

Zippo

■ Der Amerikaner George G. Blaisdell begann 1932 mit der Produktion eines einfach zu bedienenden Feuerzeuges. Dazu erwarb er die Rechte an einem österreichischen Sturmfeuerzeug und gab ihm ein ansprechenderes Design: Er machte das Gehäuse rechteckig und befestigte an diesem eine Kappe, die den Docht und den Feuerstein schützte.
Der Name bezieht sich eigentlich auf eine der neuesten Erfindungen jener Zeit – den Reißverschluss. Dieser heißt im Amerikanischen „zipper", und so nannte Blaisdell sein Feuerzeug „Zippo".
Seit 1962 besteht die Produktpalette von Zippo aus weiteren Artikeln neben Feuerzeugen. Das Unternehmen fertigt auch Maßbänder, Messer, Geldclips und Schreibgeräte.

http://www.zippo.de

Zweckform

Schon während des Zweiten Weltkrieges entwickelten Hermann Steinbeis und Paul Nordmann jene Geschäftsidee, die sie 1946 mit der Gründung der Zweckform Schreibwaren und Bürobedarfs GmbH in Holzkirchen bei München in die Realität umsetzten: die Produktion von Formularvordrucken.

In einem ehemaligen Kuhstall gründeten sie das Unternehmen, das bereits wenige Jahre später Kunden in ganz Deutschland hatte. 1949 unternahm man die ersten Geschäftsreisen in die Schweiz und ins Saarland, um den europäischen Markt für den Export zu erschließen. In diesem Jahr beschäftigte Zweckform 121 Mitarbeiter und schrieb bereits einen Umsatz von über einer Million Deutsche Mark.

1956 schloss Zweckform einen Lizenzvertrag mit dem amerikanischen Etikettenhersteller Avery und vermarktet seitdem dessen Produkte auf dem europäischen Markt. Wenige Monate nach dem 10-jährigen Firmenjubiläum zerstörte ein Unwetter die gesamten Lagerbestände, was den Unternehmenserfolg jedoch nicht nachhaltig bremsen konnte.

http://www.zweckform.de

Zwilling

Bereits im Jahr 1731 ließ der Solinger Messermacher Peter Henckels für seine Produkte den Namen Zwilling als Schutzmarke in die Solinger Messermacher-

rolle eintragen. Die Marke Zwilling ist damit eine der ältesten registrierten Marken der Welt.
Schon 1851 nahm das Unternehmen sehr erfolgreich an der Weltausstellung in London teil. Die Schneidwaren aus Solingen waren bald so gefragt, dass ab 1883 Verkaufsstützpunkte in New York, Wien, Hamburg, Köln, Dresden, München und Paris die Vermarktung übernahmen. Bei der Weltausstellung 1893 in Chicago konnte die Firma Zwilling J. A. Henckels sogar die einzige vergebene Medaille gewinnen.
Heute hat Zwilling einige Tochterfirmen und vertreibt seine Produkte in über 100 Ländern; der Stammsitz ist nach wie vor Solingen.

http://www.zwilling.com